LA
MARINE DES VIKINGS

OU

PIRATES SCANDINAVES

PAR

Alfred RAVET

OFFICIER DE L'ORDRE DU NICHAN IFTIKHAR,
MEMBRE DE PLUSIEURS SOCIÉTÉS SAVANTES

ROUEN

IMPRIMERIE JULIEN LECERF

1888

LA

MARINE DES VIKINGS

OU

PIRATES SCANDINAVES

PAR

Alfred RAVET,

OFFICIER DE L'ORDRE DU NICHAN IFTIKHAR,
MEMBRE DE PLUSIEURS SOCIÉTÉS SAVANTES.

« Over Svan Bane. »

ROUEN

IMPRIMERIE JULIEN LECERF.

1886

LA MARINE DES VIKINGS

ou

PIRATES SCANDINAVES

« Over Svan Bane. »

L'histoire de la Marine, depuis les temps les plus reculés jusqu'à nos jours, est parfaitement connue, et souvent ce sujet a été traité par des savants autorisés qui n'ont reculé ni devant les recherches, ni devant les fatigues, pour nous donner, d'une manière indiscutable et réelle, l'histoire de toutes les expéditions navales, sans oublier, et nous tenons à le noter, celles des Pirates scandinaves, qui occupent une place très-importante dans l'histoire maritime.

Ces expéditions ont été étudiées le plus consciencieusement possible, et, pour les mieux traiter, les écrivains se sont reportés aux documents les plus susceptibles de répandre une vraie lumière sur ces temps si éloignés de nous. Nous trouvons ici, cependant, une lacune. Loin de nous la pensée d'en accuser les hommes éminents qui ont consacré leur existence à l'étude de l'histoire de la Marine; la faute en est seule aux évènements qui, jusqu'à présent, ne nous ont pas fourni un nombre assez considérable de documents sérieux et véritablement utiles.

Chaque jour nous apporte la nouvelle de récentes découvertes archéologiques et vient nous ouvrir un champ libre pour le travail, nous engageant à suivre les traces de ceux qui nous ont précédés dans la carrière. C'est ainsi qu'au mois de juin 1880, la Presse toute entière (la Presse norvégienne en particulier) s'est occupée d'une trouvaille archéologique de premier ordre, qui venait d'être mise au jour près de Sandefjord, dans le sud de la Norvège : le hasard venait de faire découvrir un navire très-bien conservé et remontant, selon toutes les apparences et après examen scrupuleux, à l'époque des *Vikings* (*Vikinger*) ou Pirates de la Scandinavie.

C'est, comme nous le savons, vers l'an 800 que ces pirates ont commencé à porter leurs ravages sur toutes les côtes européennes.

Cette découverte d'un de leurs plus grands navires, le plus grand trouvé jusqu'ici et le mieux conservé, nous a engagé à faire une étude sur la marine des *Normands*, comme nous les nommons en d'autres termes.

Si nous essayons donc de combler la lacune dont nous parlions il y a un instant, c'est que nous sommes fermement convaincu qu'un mémoire nouveau sur ces expéditions navales ne peut qu'être utile pour la continuation de l'histoire maritime des pays scandinaves du IXe au XIIe siècle. Nous allons, par conséquent, prendre à tâche de réunir tous les documents nécessaires et de faire une étude particulière de toutes les découvertes propres à nous aider à traiter notre sujet.

La base générale choisie par les écrivains, pour s'aider dans leurs travaux, a été principalement l'étude approfondie des *Sagas* (*Sagaer*), c'est-à-dire des traditions historiques ou mythologiques des peuples du Nord.

Grâce à ces écrits faits en Islande par les *Scaldes* (en islandais *Skalld*), ou poètes du temps, grâce à quelques empreintes creusées, soit sur la pierre, soit sur des objets retrouvés plus tard dans des fouilles. Grâce enfin aux chants eddaïques et aux documents historiques racontant les excursions des peuples du Nord, ces écrivains sont parvenus à nous donner un aperçu des forces maritimes des *Normands*.

Il était bien difficile d'avoir la certitude de tirer l'histoire de bonnes sources, car les *Sagas*, ainsi que nous venons de le dire, sont des écrits plus ou moins imaginaires, des descriptions plus ou moins embellies et se rapprochant, bien souvent, tant soit peu de la fable. « Cependant, s'il » est vrai, — a dit Fontenelle, — que l'histoire n'est qu'une fable convenue, il n'en est pas moins vrai que la fable est souvent une histoire méconnue. » Nous reconnaîtrons dans le cours de ce mémoire, et en poursuivant nos recherches, la vérité de ces paroles.

I.

Avant de continuer notre étude sur les pirates scandinaves, que nous nommerons *Vikings*, du nom qu'ils prirent eux-mêmes *Vikinger*, nous avons fait quelques recherches sur l'étymologie de ce mot, lequel a été, tantôt traduit par *Rois-de-Mer*, tantôt par *Pirates*, selon l'idée que l'auteur voulait faire ressortir dans le sujet qu'il traitait, et aussi, selon les traductions des *Sagas*.

Nous verrons, malgré la grande différence qui existe entre la traduc-
tion de *Rois-de-Mer* et celle de *Pirates*, que ces deux expressions n'en
sont pas moins bonnes.

On trouve que le mot *Viking* vient du mot *Vik* qui signifie *baie*,
golfe, et du mot *Kong, Kineg, King :* le *plus puissant* venant du mot
Ken, savoir et *pouvoir*, dont on a fait, en vieux norvégien, *Vikingr*, et
en moderne, *Viking* (pluriel : *Vikinger*), que beaucoup d'écrivains ont
traduit par *écumeurs* ou *pirates* des mers.

Les Anglo-Saxons ont dit *Vygcyng*.

D'autre part, nous lisons : « *Vikinger*, habitants du Nord, qui, dans
» les temps païens, parcouraient la mer pour y chercher, soit aventure,
» soit renom ou soit butin. »

Ce nom s'est trouvé employé, par la suite, pour indiquer les pirates
Normands, ou mieux, les marins scandinaves.

Sur les anciennes cartes géographiques de la Norwège, nous voyons
la partie de mer située à partir de la fin des *fjords*, ou golfes, jusqu'à la
frontière de la Suède, c'est-à-dire, en face de Fredrikstad et de
Fredrikshald, porter le nom de *Viken*.

De ce mot *Vikinger* on a fait quelques composés tels que :
Vikingsfolk, gens qui étaient à bord des navires pirates; *Vikingstog*,
expédition des *Vikings*.

Nous pouvons donc, en reportant notre pensée à leurs expéditions
navales, savoir pourquoi on les a tantôt traités de *Pirates*, et tantôt de
Rois-de-Mer.

Les habitants des pays conquis par eux et où pendant plusieurs
siècles ils vinrent jeter la désolation, en tuant, pillant et ravageant, les
traitèrent, à juste titre, de *pirates*, de *voleurs* ou d'*écumeurs-des-mers*.

D'autre part, les hommes qui, comme eux, habitaient le Nord et qui
chantaient leurs victoires et leurs hauts-faits, leurs compatriotes, en
d'autres termes, les appelèrent *Rois-de-Mer* (en islandais : *Sœkongar*),
ainsi qu'on le lit dans les *Sagas*. Les deux dénominations sont également bonnes et admissibles ; le tout dépend uniquement sous quel
point de vue nous envisageons les *Vikings*, ces *enfants des anses*, et
à quelle nationalité nous appartenons.

Quoi qu'il en soit, ils recevaient toujours leur nom de la guerre, de
cette guerre qui, de tous temps, a été un *mélange de sang et de pleurs*,
pour nous servir de l'expression d'un écrivain Suédois parlant des
conquêtes des *Vikings*.

Nous pouvons affirmer que la souche réelle du mot, que sa racine
vraie, vient du mot islandais : *Vick* ou *Vik*, qui signifie *baie, golfe*,

dont on a fait au pluriel moderne : *Vikinger*, habitants des golfes et d'où ont été tirées, par la suite, toutes les acceptions que nous connaissons.

Les peuples du Sud les ont appelés *Normannii* (hommes du Nord). Les chroniques irlandaises *Lochlannac* ou *Lochlann* (hommes des lacs) ; on trouve aussi *Finn Gaill* (payens blancs) ; *Dubh Gaill* (payens noirs), ces mots provenant de la couleur de leurs vêtements ou de leurs armes ; enfin, *Northmen* ou *Normands*.

Avant de parler de la marine des Scandinaves, rappelons, par quelques lignes, ce qu'était cette Norwège au ix° siècle, et l'esprit aventureux de ses habitants.

« La Norwège, — dit un auteur, — était pauvre, populeuse, et devait,
» comme aujourd'hui, demander à l'extérieur une partie notable de sa
» consommation.

» Les milliers d'îles qui se pressent sur ses côtes lui font une bordure
» pittoresque mais dangereuse pour le navigateur.

» Les fjords, ou golfes ramifiés qui creusent de longues et profondes
» vallées, contribuent avec les fleuves et les montagnes à l'isolement
» des villages, à la difficulté des communications, à l'emploi continuel
» du bateau.

» La pauvreté de la terre norwégienne et une mer poissonneuse —
» un caractère vagabond, l'habitude de la guerre et le culte de la force
» brutale — l'amour de la gloire et des richesses, le mépris du danger,
» des croyances religieuses écloses au bruit des combats firent le Scan-
» dinave, d'abord pêcheur intrépide, puis audacieux corsaire, enfin roi
» de l'Océan. »

C'est à ce moment où, se sentant forts et éprouvant le besoin de parcourir les mers, les *Vikings* se lancèrent à la découverte, allèrent d'abord d'une île à l'autre, et, devenant de plus en plus hardis, continuèrent par suivre les côtes. Il faut se rappeler, en effet, qu'ils ne possédaient ni boussole, ni sextant, se guidant simplement à la vue des continents, se fiant à la connaissance qu'ils avaient des vents qui régnaient dans leurs mers, des marées et des courants, inspectant aussi la marche des astres, voire même le vol des oiseaux. Alors arrive le moment où réunis en flottes ils débarquent en Angleterre, viennent piller la Neustrie — aujourd'hui notre Normandie — continuent à étendre leurs conquêtes en Espagne, se rendent dans la Méditerranée, poussent jusqu'à l'AsieMineure et menacent Constantinople !

Dans le Nord, ils font des descentes en Suède, en Russie, peuplent l'Islande, etc., enfin, ainsi qu'il est prouvé, ils découvrent le Nouveau-Monde bien avant Colomb !

Les *Vikings* ne poussèrent pas seulement leurs ravages sur les côtes, mais encore ils entrèrent dans les fleuves, dans les rivières, remontèrent tous les cours d'eau, ravageant les villes sur leur passage, pillant Rouen, assiégeant Paris plusieurs fois, et plus tard fondant des empires.

Voilà ce qu'une troupe relativement minime d'hommes courageux, put faire, montée sur de simples barques !

Nous ne rechercherons pas comment et pourquoi les Normands se répandirent dans toute l'Europe, ces détails et ces recherches restant uniquement dans le domaine de l'Histoire. Nous nous contenterons de parler de leurs flottes, notant les faits historiques qui pourront nous être utiles.

II.

BARQUES.

Les barques des Scandinaves étaient de dimensions et de constructions différentes, et elles avaient des noms particuliers pour les désigner.

Nous trouvons d'abord le *Holker*, en vieux norwégien *Holkr*, du mot *Holk*. Cette barque n'était autre qu'un tronc d'arbre creusé, ainsi que le montre sa dénomination dans le vieux langage norwégien.

Cette barque, cette pirogue on peut dire, ne servait bien entendu que pour naviguer dans les *fjords* et non pour les expéditions lointaines; cependant, nous la retrouverons dans des temps plus rapprochés de nous, mais agrandie et perfectionnée, car elle servait de canot aux forts navires, de sorte que les *Vikings* avaient à leur disposition des embarcations pour naviguer sur toutes les rivières, même sur celles qui ne permettaient que des barques d'un très-faible tirant d'eau.

On peut sans crainte regarder les « *Holker* » perfectionnés comme des barques ayant pu à l'occasion servir au sauvetage de l'équipage d'un grand navire. Ils avaient encore l'avantage de pouvoir être transportés aisément à terre, et servir quelquefois d'abri aux hommes, ce qui se fait encore de nos jours dans les expéditions allant à la découverte, où la barque, renversée et élevée par quelques piquets, offre un abri sûr, plus solide qu'une tente, contre les mauvais temps, surtout contre la pluie.

Il existe au Musée des antiquités du Nord, à Copenhague, un *holker* parfaitement conservé, et trouvé dans des fouilles faites entre les années 1859–1863. C'est un tronc de chêne, creusé. Il ne faudrait pas le considérer comme datant d'une époque aussi réculée que celle dont nous traitons; cependant, il donne une idée réelle de ce que pouvait être le *Holker* à son origine, car nous le voyons grandir et se transformer en une barque comportant plusieurs bancs de rameurs.

M. A. Jal s'exprime ainsi dans son archéologie navale : « Le *Holker*, » d'abord simple petit bateau côtier et fluvial, grandit en conservant le » nom qui rappelait sa modeste origine et il devint ce *Hulk* que » P. Marin (1) désigne ainsi : Vieille façon de navire, de vaisseau » marchand, telle qu'on en voit dans les églises et dans les anciennes » armes d'Amsterdam.

» Au ix° siècle, continue M. A. Jal, le *Holker* était déjà loin de son ori- » gine, c'était une petite barque légère. »

Le *Holker* ayant donc changé, nous arrivons à entendre parler de petits navires qui pouvaient avoir un équipage de 12 à 14 hommes.

NAVIRES.

P.–A. Munch, dans son histoire du peuple norwégien, fait mention des différentes sortes de navires que montaient les *Vikinger*, et dit qu'il y en avait de toutes les dimensions, depuis le plus petit bateau jusqu'au grand navire de guerre appelé *Langskibe* ou encore *Skeider*. La première appellation montre un grand, un long navire; la deuxième est un mot de vieux norwégien que Jonsson nous traduit ainsi : « Sorte de prompt voilier de guerre ».

Il existait aussi des navires marchands. Ceux-là étaient d'une forme un peu différente des navires de guerre, ils étaient plus bombés ainsi que nous l'apprennent *les Sagas*, car, ils étaient plutôt construits pour renfermer des marchandises, que faits pour la course, la défense ou l'attaque. On désignait généralement les premiers sous le nom de *Knerrer*. Ce mot fait au singulier *Knarr* ou *Knore* et signifie : navire marchand.

« Cette vieille sorte de navire, dit P.–A. Munch, qui probablement » étaient plutôt des bateaux que de vrais navires, et paraissaient avoir » été en usage alors que la navigation à la voile était dans son enfance, » on les appelait *Kjoler* ou au singulier *Kjoll*, Anglo-Saxon *Ceôl*.

(1) Groot Nederduitsch en frensk woorden boek.

Viennent ensuite les navires de guerre, les *Snekkar* ou serpents, comme on les nommait, et qu'on rapporte comme ayant eu environ vingt bancs de rameurs. On les appelait aussi : « *Drakar* » ou dragon. Ce mot, que nous n'avons pu trouver dans le dictionnaire de vieux norwégien de E. Jonsson, tire son étymologie de *Drage*, en dano-norwégien moderne *dragon*, et de *Kar* qui signifie vaisseau; mais, le mot *Kar* s'emploie plus ordinairement, de nos jours, pour désigner un vase et moins souvent dans le sens d'un navire.

Cette appellation des navires vient de ce qu'ils portaient souvent à leur avant une tête de dragon, comme nous le verrons dans la suite, et ainsi que le décrit A. Jal, d'après Ihre :

« Une espèce de navire ayant la forme d'un dragon, d'une très-
» longue structure, et imité par des ornements de toutes sortes, se
» rapportant au dragon. S'il n'y a rien qui puisse nous fixer absolument
» sur sa construction, nous pouvons cependant induire de cette défini-
» tion que le vaisseau était fort long, que son extérieur, recouvert pro-
» bablement d'écailles peintes, montrait, sur ses côtés, des ailes
» dessinées; sur son avant, et à fleur d'eau, des pattes garnies de
» griffes, à l'extrémité de son étrave, une terrible tête de dragon, et, à
» sa poupe redressée, une manière de queue, ou tordue ou droite. »

A cette description un peu fantaisiste, dans laquelle l'auteur dit lui-même : « qu'il ne se laisse pas emporter trop loin, » nous pouvons répondre que nous trouverons, dans le cours de ce travail, l'explica-tion à peu près réelle de ce que pouvaient être ces écailles peintes, ces ailes dessinées, ces pattes garnies de griffes, et cette terrible tête de dragon, cités dans l'ouvrage de M. A. Jal.

Continuant à parcourir le même auteur sur les navires des Nor-mands, nous le voyons parler d'une autre espèce de navire, appelé *Trane*, qu'il prend dans Torféus.

« La *Trane* était-elle un bâtiment d'une espèce particulière? Rien ne
» m'autorise à l'affirmer ou à le nier..... Pourquoi s'appelle-t-il
» *Trane*? Torféus ayant négligé de le dire, parce que sans doute la
» *Saga* où le nom de la *Trane* se trouve écrit n'entre dans aucune
» explication à cet égard, Ihre s'est abstenu tout à fait.

» Je devrais peut-être agir avec la même réserve, mais je demande la
» permission de présenter une conjecture qui me semble assez raison-
» nable.

» *Trana*, dit Ihre dans son glossaire, c'est *grue*, la *grue*. Pourquoi ne
» serait-ce pas seulement le nom du navire, indépendamment de son
» espèce? »

Nous avons fini, après de nombreuses recherches, par réussir à trouver ce que pouvait être ce navire ou cette sorte de navire qu'on nommait *Trane* en dano-norwégien, *Trana* en suédois, noms qui, tous deux, signifient *grue*. Nous avons eu la chance de voir que l'idée émise par M. A. Jal était juste, car, au passage où nous nous occuperons des noms propres des navires, nous retrouverons la vraie signification du mot *Trane.*

Il est souvent cité, par les écrivains, que les navires de guerre étaient de haut bord et garnis de fer.

Les navires pouvaient certes être passablement grands, ce qui d'ailleurs est prouvé, mais il est tout à fait douteux que ces navires aient été de haut bord, c'est-à-dire pontés; aucune trouvaille faite jusqu'à nos jours n'est venue en donner une preuve bien certaine. Nous ne trouvons qu'une seule citation propre à nous éclairer sur cette question, et nous la tenons de l'ouvrage de M. Oscar Montélius :

« Dans la règle, toutes les rames étaient sur une ligne, dit cet écri-
» vain, mais Erling Skacke, de Norwège, fit construire, dans le xiie siècle,
» des navires avec deux rangées de rames superposées. »

Il ne nous est malheureusement pas permis de nous étendre ici, vu le peu de renseignements que nous possédons, sur la construction spéciale des bancs pour les rameurs.

Nous appellerons d'ailleurs l'attention du lecteur, en faisant remarquer que M. O. Montélius nous parle du xiie siècle, époque à laquelle nous terminons et devons terminer notre étude sur les *Vikings*.

Si nous laissons entrevoir un doute sur les navires pontés, il n'en est pas de même en ce qui concerne les tours ou forts élevés sur les dits navires; plusieurs fois nous en avons eu des preuves irréfutables, gravées sur des monuments du temps, et tous les auteurs s'accordent sur ce sujet dans l'histoire du peuple scandinave.

Ces tours ou forts étaient élevés sur la poupe du navire et aussi dans la hune, on les nommait *Kastali*. De ce poste d'observation les guerriers lançaient des flèches et des pièces de bois chaînées sur les navires ennemis. On appelle encore de nos jours les *Kastali*, *Skans* en suédois; ce mot a la même signification. (V. fig. 1, pl. I.)

Les « *Cuirassés* » anciens, dont parle Depping, ont existé, nous les trouvons cités dans divers écrits et en particulier dans des rapports suédois (1) où il est dit : « que pour donner plus de force aux navires on

<hr>

(1) Kongl. Svenska Vittershets Academiens Handligar.

» les revêtait de fer »; nous voyons également qu'il en est fait mention dans une bataille avec Olaf Tryggvason.

Quelquefois ces navires étaient garnis d'airain, comme nous l'indique un passage de Torfée : « On appela le petit Dragon, celui que le roi Olaf » avait ramené et qu'on avait dégarni de son airain ».

Souvent une ceinture de fer était fixée sur les flancs du navire, et se terminait à l'avant par un éperon, connue nous l'indique J. Strutt, et aussi par un modèle que nous prenons dans le livre de O. Montélius et que nous reproduisons, fig. 2 (pl. I). Cet éperon est en sapin et a été trouvé dans une fouille pratiquée en Danemark.

III.

DISPOSITIONS ET LUXE DES NAVIRES.

« Il serait bien difficile, — dit un écrivain, — de dire quelles étaient » les dispositions intérieures des navires scandinaves. » En effet, il nous est bien peu facile de décrire la disposition intérieure des navires, les fouilles faites jusqu'ici n'ayant révélé qu'un minime inventaire des richesses que pouvaient porter les navires des *Vikings*.

En ce qui concerne le luxe de ces navires, il n'y a aucun doute que ceux des rois et des chefs puissants fussent, après les pillages, ornés et pavoisés. Nous voyons, d'après Ericus Olaus, que le roi Kanut possédait un *dragon* d'une grandeur prodigieuse (60 rames) paré de figures de métal d'argent et d'or.

On en cite un autre « qui avait l'air d'être d'or, éclatant des rayons » splendides du soleil, dont il réfléchissait la lumière dans l'Océan ».

Godwin, dit Guillaume de Malmesburg, donne au roi Harde Kanut un vaisseau orné de métal doré. Une *Saga*, citée par Beauvois, nous parle de navires à la proue dorée et à la poupe sculptée.

Enfin, nous citerons un autre chef normand, nommé par Saxo, qui avait orné son navire de voiles dorées, hissées à des mâts également dorés, avec des cordages de pourpre.

M. Oscar Montélius confirme le luxe des navires, en nous disant que souvent les voiles étaient ornées de raies bleues, rouges et vertes.

Il est un fait certain, c'est que les chefs ornaient leurs navires et mettaient beaucoup d'honneur à les parer, afin qu'on pût les distinguer par l'éclat des figures qui se trouvaient à la proue.

Dans les trouvailles dont nous nous entretiendrons plus loin, nous verrons quelques têtes de monstres taillées dans des planches ayant dû servir au montage des tentes. Ces têtes peuvent donner une idée de celles qui étaient fixées à l'avant de certains navires.

Nous pouvons, pour le moment, nous reporter à la tapisserie de Bayeux, fig. 1, 3 et 7 (pl. I), où nous voyons les ornements ci-dessus cités fixés à la proue et à la poupe des navires.

« Les belles sculptures, les ornements éclatants étaient l'attribut des » commandants, — dit A. Jal, — et cela est resté dans la marine jusqu'à » la fin du XVIII° siècle. »

Encore un mot. Le luxe des navires, sans nul doute, devait être gagné et mérité, c'est-à-dire que les chefs ne possédaient le droit d'embellir leurs vaisseaux qu'après une victoire remportée sur l'ennemi, car les chefs eux-mêmes étaient : — d'après P.-A. Munch — « habillés comme de simples marins, et ne portaient des habits garnis » d'or ou d'ornements quelconques qu'après avoir gagné leur renom. » En principe, ils étaient tous égaux. Ne devait-il pas en être de même de leurs navires ? Nous pouvons, sans crainte, répondre affirmativement.

IV.

Après nous être occupé des noms qui caractérisaient les différentes formes de navires, nous avons voulu savoir si le mot *Trane* était un nom pris en général pour désigner une construction quelconque, ou un nom désignant un seul navire.

A la suite de nos recherches, nous nous sommes rangé à l'idée émise par l'auteur de l' « Archéologie navale ».

Maintenant, nous allons reprendre cette question et citer quelques noms désignant des navires séparément, noms qui dans la suite des temps ont pu parvenir jusqu'à nous.

Dans son mémoire sur les flottes de la Suède, Wœstrom nous dit que le roi norwégien Olaf Tryggvason ou Tryggeson, comme on l'écrit quelquefois, et dont le nom nous est déjà connu, possédait trois grands navires de différentes dimensions : l'*Ormen-le-long* ou *le grand Ormen* (Ormen den langa); *le petit Ormen* (Ormen den flackata), c'est-à-dire, le grand dragon et le petit dragon ; et aussi la *Trana* (Tranan) ou la grue ; ce dernier, cité par A. Jal, ainsi que nous nous le rappelons.

Sturlœson, dont parlent Ihre et Torfée, dit que le dragon d'Olaf était le géant des vaisseaux scandinaves. Le grand dragon d'Olaf avait, rapportent les écrivains, 34 rames de chaque côté, ce qui nous permet de juger, en lui donnant bien entendu le double d'hommes, c'est-à-dire, ce qui est nécessaire comme équipage, 68 rameurs. En énumérant ensuite les autres mains indispensables, plus les chefs et leur suite, nous trouvons un équipage d'environ 70 à 80 hommes.

Nous aurons d'ailleurs à revenir sur l'équipage que pouvaient avoir les différents navires des *Vikings*.

Le grand dragon d'Olaf avait été fait par un des constructeurs les plus renommés de la Norwège, il s'appelait Torberg Skofflangsen. On rapporte, dans le mémoire de Holberg, sur la marine scandinave (1), que ce constructeur renommé avait fait un voyage afin de bien se rendre compte de la construction étrangère, et rapporter, dans sa patrie, les idées nouvelles, afin de les mettre à profit, en particulier pour le vaisseau d'Olaf Tryggvason.

Dans le même mémoire, Holberg nous dit : « que c'est dans la » bataille navale avec les Danois, que périt le plus grand héros du » temps et aussi le plus grand navire. »

M. Depping nous cite un pirate, vaincu par Rolf ou Rollon, qui possédait un dragon portant le nom de « *Grimsnoth* ». Ce navire, « selon la *Saga* de Gothrek, surpassait, par sa beauté, tous les autres » navires. »

On trouve d'ailleurs, dans les *Sagas*, plusieurs noms ayant servi à désigner tel ou tel bateau, indépendamment de son genre de construction.

Un autre nom cité par Torféus est celui de *Iarnbardan*, ou en dano-norwégien : *Iœrnbarden*, c'est-à-dire « bardé de fer », nom donné à ce navire à cause de la cuirasse protectrice qu'il possédait.

Ce « cuirassé » appartenait à Erick Iarl.

Holberg, qui nous donne le détail de ce « cuirassé » ancien, laisse entrevoir que cette armature de fer devait ralentir passablement la marche du navire. « On ne voit pas très-bien, — nous dit-il, — l'uti-» lité de cette armature. »

C'est d'autant plus vraisemblable qu'à cette époque la construction des navires à cuirasse était dans son enfance, puisque nous verrons, par la suite, le peu de voilure que ces navires déployaient. Il est probable qu'ils servaient, comme de nos jours les batteries flottantes, à une défense plus passive qu'active, et non à donner la chasse aux navires ennemis. Ensuite, leur éperon en fer pouvait être d'un grand avantage pendant les abordages, ce qui entrait dans la tactique des flottes des *Vikings*.

____

(1) Kjöbenhavnske Selskab af Lœrdoms og Videnskaber Elskere (1747).

Nous allons, avant de terminer ce court résumé sur les noms des navires, faire encore mention d'un nom dont la *Saga* de Frithjof nous
donne l'explication.

Ellide était l'appellation d'un navire qui marchait à la rame, au
moyen de 50 hommes (1) de chaque côté; sa proue et sa poupe étaient
recourbées.

Le bordage du navire était en fer, mais malgré la force qu'il fallait
développer pour le faire avancer, Frithjof était si fort, nous dit la *Saga*,
que, placé à l'avant, il pouvait conduire seul le navire en se servant de
deux rames ayant treize aunes, environ huit mètres de longueur, pendant qu'il fallait d'habitude deux hommes à chaque rame. Il était d'ailleurs dans les habitudes des guerriers scandinaves de manier la rame
et d'aider à la manœuvre, ainsi que nous en parle P. Riant.

Maintenant que nous connaissons les opinions des différents écrivains et leurs données sur les navires des *Vikings*, nous allons faire
quelques recherches dans le domaine de l'histoire, c'est-à-dire, que
d'une manière abrégée, nous allons raconter les expéditions des
Vikings et voir le nombre des navires qui composaient leurs flottes, de
même que la quantité des troupes débarquées dans leurs expéditions.
C'est alors seulement que nous pourrons nous faire une idée de la
puissance des forces navales des pirates de la Scandinavie.

V.

Les auteurs anciens, et les auteurs modernes, qui ont chanté les victoires de leurs compatriotes, ont souvent amplifié sur la réalité. C'est
ainsi que nous allons voir des armées innombrables débarquer de
flottes non moins étonnantes.

Avant d'entrer en matière, envisageons donc la pensée des écrivains :

Voulaient-ils chanter la hardiesse avec laquelle un chef de Vikings
entreprenait une expédition lointaine : on le montrait se lançant *over
svan Bane!* (à travers la route des cygnes), comme disaient leurs vieilles
chansons, c'est-à-dire, sur l'Océan, avec son unique navire et quelques
hommes d'équipage! Ou encore, on le représentait, allant à l'aventure sur une mer furieuse, monté dans une frêle embarcation, dans un
Holker, et chantant :

---

(1) D'après une autre version on trouve seulement 15 hommes de chaque côté; soit
30 rameurs.

« La force de la tempête aide les bras de nos rameurs, l'ouragan est
» à notre service; il nous jette où nous voulons aller ! »

Voulaient-ils célébrer une victoire remportée sur l'ennemi : On
voyait un géant venant d'écraser une force ennemie considérable bien
supérieure en nombre, et cela au moyen d'un navire ou de quelques
barques réunies !

Voulaient-ils enfin donner une idée des « escadres » — si nous pouvons employer ce terme — des forces réunies du pays; nous voyons les
poètes, les chroniqueurs du temps, nous faire le récit d'un nombre infini
de voiles et d'une armée considérable de guerriers !

Une partie de ce que nous lisons des époques reculées a toujours été
grossie à nos yeux, et n'en est-il pas encore de même de nos jours ?

L'écrivain le plus impartial notant ce qu'il a vu, et ne s'arrêtant scru-
puleusement que sur les faits fournis par les documents les plus dignes
de foi, ne prendra-t-il pas les termes les plus forts pour nous faire
sentir le courage des troupes, la hardiesse des navigateurs, les hauts-
faits d'armes qui ont précédé la victoire et qui l'ont assurée ?

Nous découvrirons, il est vrai, la vérité, mais ne la verrons-nous pas
augmentée, embellie par le choix des mots, par la beauté des termes du
récit, et, quoique le chroniqueur rapporte l'exacte vérité, ne serons-
nous pas portés à voir plus que cette vérité ? Assurément oui !

Avant de porter un jugement définitif sur le nombre des navires qui
composaient les expéditions des *Vikings*, voyons d'abord ce qu'on nous
en rapporte.

« Quelques passages d'écrits anciens font présumer, — dit Holberg
» dans son mémoire sur le commerce et la navigation du Danemark et
» de la Suède, — que la Norwège pouvait rassembler 292 bateaux,
» et le Danemark 930.

» A la fameuse bataille de Bravalla, — dit M. Depping, — où toutes les
» forces maritimes du Nord se trouvaient réunies, et où les Scandinaves
» donnèrent le spectacle d'une grande lutte de leur puissance respec-
» tive, il y eut des milliers de bateaux, suivant les poètes qui ont
» chanté cette journée mémorable dans les fastes de la scandinavie;
» Sigurd-Ring, roi de Suède, y conduisit, disent-ils, deux mille cinq
» cents voiles; quand ils auraient exagéré de moitié, il resterait toujours
» une flotte considérable..... La scène du combat fut fixée à Bravalla,
» sur la côte de la Scanie (735 environ de notre ère). Dès que cette nou-
» velle parvint en Norwège et en d'autres pays maritimes, tous les
» Rois-de-Mer, » tous les champions voulurent prendre part au com-

» bat, moins par intérêt pour la cause des deux rois que pour signaler
» leur valeur. »

N'oublions pas de citer, en passant, que dans cette lutte épique apparurent les Skjoldmœr (pluriel islandais *Skjoldmeyar*) ou *vierges au bouclier*, c'est-à-dire, ces femmes qui, nouvelles « amazones, » si l'on peut parler ainsi, combattirent sur mer aux côtés des *Vikings*, y cueillant des lauriers, et qui se sont rendues si célèbres dans l'histoire scandinave.

M. J. Steenstrup, dans son histoire des Normands (1), nous relate différentes expéditions des *Vikings* pour lesquelles il nous donne le nombre des navires et des combattants.

Après ce fameux combat de Bravalla, nous trouvons, d'après cet écrivain, en 810, les Danois envoyant 200 navires (fartoier) en Frise, et on nous cite même une autre flotte de 200 navires, en 815, laquelle avait 40 hommes à bord de chaque navire, ce qui nous donne une armée de 8,000 hommes.

En 845, quelques flottes d'environ 40 navires se dirigèrent vers l'Angleterre. Dans cette même année, le Danemark possédait une flotte de 720 navires ayant environ 40 hommes d'équipage chacun, ce qui nous donne un nombre de 28,800 guerriers.

M. Oscar Montélius nous apprend que souvent on a parlé de flottes se composant de 600 à 700 voiles. Snorre raconte même que le roi de Danemark, Kanut le Grand, avait réuni une « *armada* » de 1,200 navires, c'est-à-dire 1,440 voiles, vu que l'on comptait le cent à dix douzaines.

Nous arrivons maintenant au siège de Paris, en 885, et M. J. Steenstrup nous dit qu'il y avait devant Paris un nombre de 40,000 hommes, dont environ 30,000 seulement étaient guerriers.

« Le 25 novembre 885, dit un de nos historiens, M. Henri Martin,
» 30,000 Normands parurent devant Paris, montés sur 700 de ces
» grandes barques peintes qu'ils appelaient leurs dragons de mer. »

On voit qu'il existe une petite différence de nombre entre les assertions de notre compatriote et celles de M. J. Steenstrup; cependant, ce dernier annonce 40,000 hommes, dont seulement 30,000 combattants, nombre cité par notre historien. Il est dit aussi que parmi les guerriers se trouvaient 1,000 femmes environ. D'après la citation de M. Henri Martin, nous trouvons donc l'équipage de chaque navire se composer en moyenne de 30 à 32 hommes.

(1) Normannerne, af J.-C.-H.-R. Steenstrup.

Ces quelques citations ne peuvent nullement nous fixer sur la grandeur des navires amenés par les *Vikings* au siége de Paris; car, pour
remonter la Seine, ils purent employer leurs petits navires dans le cas
où les grands eussent eu un tirant d'eau trop fort pour remonter le fleuve;
ce tirant d'eau que nous pouvons juger, d'après leur construction, car
nous nous basons sur des navires portant 60 à 80 hommes, pouvait
donc donner deux mètres environ. Comme les Vikings possédaient tous
les rivages de la Seine et aussi les villes riveraines, parmi lesquelles
Rouen, en particulier, ils ont bien pu y laisser leurs plus forts navires.

Il y a encore une conséquence à déduire de leurs flottes, c'est que si
tous leurs hommes n'étaient des combattants, tous leurs navires
n'étaient pas employés pour le combat, ainsi que nous le dit Abbo : « Il
» y avait 700 grands navires et nombre de navires de petites dimen-
» sions ». Adam Brem nous l'apprend aussi. Parmi ces navires de
différentes dimensions, ils en avaient avec eux qui portaient les provisions et devaient probablement se charger du butin pris sur l'ennemi.

On s'est plu souvent à représenter les Normands avec une flotte
« couvrant les eaux dans un espace que l'œil ne pouvait parcourir ». Ce
qui est un fait certain, et ce qui explique ces flottes s'étendant à l'infini,
c'est que les petits navires étaient placés dans les grands, c'est-à-dire
que les *Holker* servaient de chaloupes, et, dans les eaux tranquilles,
au siége de Paris, par exemple, les *Vikings* mirent probablement
toutes les embarcations à l'eau, soit pour la facilité des surprises,
soit encore pour tromper sur le nombre de leurs troupes, en montrant
un déploiement de force considérable, en un mot, pour faire ce qui
toujours a existé dans l'art des combats : employer la ruse, et elle ne
leur faisait pas défaut.

Quelques années plus tard, en 890, M. J. Steenstrup nous parle
de 15,000 guerriers répandus en Bretagne. Ces 15,000 hommes ont pu y
être débarqués avec une flotte d'environ 370 voiles, admettant un
équipage de 40 hommes, en moyenne, ainsi que les écrivains l'admet-
tent, et parmi eux, M. G. Storm, dans son histoire du temps des
Vikings.

Harald Graafeld parle de trois grands navires avec 80 hommes
d'équipage chacun.

Dans la *Iomsviknige Saga*, on cite le *Snekke* ayant 60 à 70 hommes
à bord, et cette *Saga* nous donne ordinairement, pour les navires
des *Vikings*, un équipage d'environ 40 hommes.

Holberg nous dit que le roi Harald Haarfager (c'est-à-dire aux beaux
cheveux) avait à sa disposition de forts navires qui demandaient un

2

équipage de 120 hommes. Il paraît, d'après les auteurs, que les navires des Pirates normands étaient toujours au grand complet pour leurs équipages.

Nous devons conclure, de ce que nous venons de lire, que le nombre de 80 à 90 peut être regardé comme un maximum général dans les équipages des grands navires du IXe au Xe siècle, et le nombre de 40 à 50 pour les équipages ordinaires.

Nous croyons nous être assez occupé sur les recherches concernant les équipages des navires scandinaves, et qu'il serait oiseux de trop s'étendre sur ces détails qui, d'ailleurs, ne nous donneraient aucun autre résultat plus définitif pour affermir notre opinion; mais, avant de clore ce résumé et de passer aux fouilles, nous croyons devoir relever une table donnant la force des flottes et des armées des Normands, à différentes époques de leur histoire.

Table montrant la force des flottes et des armées des « Vikings. »

Années.	Nombre de navires	Nombre de tués.	
787	3		In his (King Beorthric's) days came 3 ships of Northmen out of Harethaland. (A. Saxon-Chron.)
810	200		Imperator nuntium accepit classem 200 navium de Nordmannia Frisiam appulisse. (Einhard.)
812		10.940	In eo (3 : proelio inter Sigifridum et Anulonem) 10,940 viri cecidisse narrantur. (Einhard.)
812	120	416	The foreigners came into Camas o' Fothaiah Fire (Country of Cork) viz. : 120 ships..... 416 men of the foreigners were killed. (Gaedhil.)
815	200		Omnes Saxonici Comites omnesque Abodritorum copiæ cum legato imperatoris Daldrico..... ad auxilium Harioldho ferendum in terram Nordmannorum perveniunt..... filii Godefridi contra eos magniis copiis et 200 navium classe comparata in insula quadam..... residebant. (Einhard.)
820	13		De Nordmannia 13 piraticæ naves egressæ, primo in Flandrensi litore prædari molientes..... i ostio Sequane similia templantes..... tandem in Aquitanico litore prosperis usæ successibus..... cum ingenti præda ad propia reversæ sunt. (Einhard.)
833	35		King Ecgbryght fought against the men of 35 ships at Carrum, and there was a great slaughter made, and the danishmen maintained possession of the field. (A. S. Chron.)

Années.	Nombre de navires	Nombre de tués.	
837	33		Wulfheard the ealdorman fought at Hamtum against the forces of 33 ships and there made great slaughter and got the victory. (A. S. Chron.)
837	60 + 60		A fleet of 3 score ships of Northmen on the Boinn. Another fleet of 3 score ships on the river Liffe (Ireland). (Chron. Scotorum.)
c 839	65		Afther this came 3 score and five ships and landed at Dubhlinn of Athcliath. (Gaedhil.)
840	35		King Œthelwulf fought at Carrum against the crews of 35 ships, and the danishmen maintained possession of the field. (A. S. Chron.)
844	c 100		On reçut dans la Capitale une lettre de Wahb–Allâh ibn Haym, le gouverneur de Lisbonne. Il y disait que les Madjous s'étaient montrés dans 54 vaisseaux et autant de barques sur les côtes de la province.....
		500	Les Madjous arrivèrent dans environ '90 navires (à Cadix); on leur tua environ 500 hommes. (Ibn. Aahâri.)
845	120		Nordmannorum naves 120 per Sequanam Loticiam Parisiorum..... pervadunt. ....
	600		Nortmannorum rex Oricus 600 naves per Albim fluvium in germaniam adversus Hludovicum dirigit..... (Prudentius.)
845		12:000 600	Ellultis in locis gentiles christianos invaserunt; sed cesi sunt ex eis plus quam 12,000. Alia pars eorum galliam petierunt ibique ceciderunt ex eis plus quam 600 viri. (A. Xantenses.)
847		1.200	Olchobhar..... defeated (the black gentile Danars) in the battle of Sciath Nechtain, where the heir of the King of Lochlainn

Années.	Nombre de navires	Nombre de tués.	
848		700	fell and 1,200 of the nobles of Locklainn with him. (Gaedhil.) Maelsechlainn..... defeated them in the battle of Caislen-Glinni, where 700 were killed, Tighernagh, too, defeated them in a battle at Daire.
		500	Disiurt Dachonna where 500 fell. The aforesaid Olchobbar !..... defeated them
		240	in a battle at Dun-Maeltuli where twelve
		368	score fell. There fell also, 368 by the Fairgentiles.
		200	200 of them fell by the Cianachta at Inis
		300	Finmic, and there fell, too, 300 more of them by the Cianachta in a month after that at Rath Alton. (Gaedhil.)
849	140		A naval expedition of 7 score ships of the people of the King of the Foreigners came to oppress the foreigners who were in Erinn before them. (Chron. Scot.)
851	350		This year came 350 ships to the mouth of Thames and the crews landed and took Canterbury and London by storm. (A. S. Chron.)
852	160		A fleet of 8 score ships of Finn ghenti arrived to fight against Dubh ghenti at Snambaïgnech (Carlingford). (Chron. Scot. Four master)
		5.000	There came after these Black-gentiles Dannars, and they..... endeavoured to drive the Fairgentiles out of Erinn, and they engaged in battle, and killed 5,000 of the Fairgentiles at Snamb Ergda. (Gaedhil.)
852	252		Nortmanni 252 navibus Fresiam adeunt. (Prudentius.)

Années.	Nombre de navires	Nombre de tués.	
859	62		Les Madjous se montrèrent de nouveau, et cette fois dans 62 navires, sur les côtes de l'Ouest (de l'Espagne). (Ibn-Aahari.)
861	200		Dani...... duce Welando cum 200 et eo amplius navibus per Sequanam ascendunt et castellum in insula, que Oscellus dicitur a Nortmannis constructum et eosdum Nortmannos obsident.
	60		Interea Danorum pars altera cum 60 navibus per Sequanam in fluvium Tellas ascendunt indeque ad obsidentes castellum perveniunt et eorum societate junguntur. (A. Bertiniam.)
865	50		Carolus..... contra Nortmannos ; qui cum navibus 50 in Sequanam venerant, hostiliter pergit. (Hincmar.)
870	200		Awlaiw and Ivar came again to Dublin out of Scotland and brought with them great bootges..... in their 200 ships. (Annal Ulton.)
873		800	Hruodulfus Nordmannus classem duxit in Comitatum Albdagi. ... Ipse Hruodulfus cecidit primus et cum eo 800 viri. (A. Fuldenses.)
876	100		Normanni cum 100 circiser navibus magnis quas nostrates bargas vocant, Sequanam introierunt. (Hincmar.)
877	120		The army came to Exeter from Wareham and the fleet sailed round westwards and then a great storm overtook them at sea and there 120 ships were wrecked at Swanawic. (A. S. Chron.)
878	23	840	The brother of Inwær and of Halfdene came with 23 ships to Devonshire in Wessex, and he was there slain and with him 840 men. (A. S. Chron.)

Années.	Nombre de navires	Nombre de tués.	
880		5.000	Rex Hludowicus.... ad expugnandos Nordmannos, qui in Scalta fluvio longo tempore residebant, convertit exercitum initoque certamine plus quam 5,000 ex eis prostravit (A. Fuldenses.)
881		9.000	(Hludowicus) cum Nordmannis dimicans nobiliter triumphavit; nam 9 milia equitum ex eis occidisse perhibetur. At illi instaurato exercitu et amplificato numero equitum plurima loca in regno. ... vastaverunt. (A. Fuldenses.) In quo certamine (in villa Sodaltcurt), ut ferunt, plus quam 8,000 adversariorum gladio prostravit, (Regino ved 883.)
882	200		Nordmanni de thesauris et numero captivorum 200 naves onustas miserunt in patriam. (A. Fuldenses.)
882		1.000	Karlomannus... . eos in Avallis comprehendit. Ceciderunt ibi Nortmanni circiter mille, sed nil eos hæc pugna perdomuit. (A. Vedastini.)
885		40.000 (ere tilstede)	Atque truces posthac chile seranta chile id extat (Abbo, de bello Parisiaco) Nordmanni Parisius. ... obsidione claudunt, erant, et ferunt, 30 et eo amplius adversariorum milia omnes pene robusti bellatores. (Regino ved 887.)
	700		Septies aerios centum præter juniores quamplures . numeros naves numerante carentes — extat eas moris vulgo barcas resonare. (Abbo.)
886		1 500	Carnoteno (Chartres) innumeros conflictus applicuerunt — Allofili, verum liquere cadavera mille — Hic quingenta simul, ruben populante duello. (Abbo.)

Années.	Nombre de navires	Nombre de tués.	
890		15.000 (tilstede.)	Bis a Britonibus victi 12,000 suorum ibi amiserunt. (Chron. Furonense.)
		12.000 ?	Alanus tanta strage hostes fudit, ut vix 400 viri ex 15,000 ad classem repedarent. (Regino.)
			Nortmannorum 25 milia commisso proelio cum Brittonibus super 400 viros occiduntur. (A. Einsidlenses.)
893	250		The great army. ... came again..... they came to land at Limenemouth with 250 ships..... Then soon after that Hasten
	80		with 80 ships landed at the mouth ot the Thames. (A. S. Chron.)

VI.

FOUILLES ET DÉCOUVERTES.

Nous arrivons maintenant à la partie de notre Mémoire qui va nous mettre à même de bien nous fixer sur les différents genres de construction des navires des pirates normands, en plaçant sous nos yeux les détails de toutes les découvertes, jusqu'à la dernière, celle de Sandefjord, en 1880, qui, à elle seule, suffit, jusqu'à plus ample trouvaille, pour nous permettre de tirer quelques conséquences assurées des expéditions des Scandinaves sur les côtes étrangères.

« Je suis convaincu, — dit Lingard (*Histoire d'Angleterre*), — que,
» longtemps avant le grand vaisseau d'Olaf, les peuples navigateurs
» du Nord eurent des navires forts et vastes pour leurs expéditions
» des pirates et des conquérants. »

Cette citation de l'historien Lingard nous force à détailler avec soin toutes les découvertes supposées susceptibles de nous aider à connaître d'une manière assez parfaite l'histoire de la marine des pays scandinaves.

Avant de parler du dernier âge du fer, époque réelle des *Vikings*, nous allons remonter un peu vers des époques plus reculées, quoique nous lisions dans un ouvrage de M. Oscar Montelius, : « qu'on ne
» connaît pas non plus, en Suède, d'embarcations dont on puisse faire
» remonter sûrement l'origine à l'âge du bronze. Mais nos sculptures
» sur des rochers peuvent nous donner une idée, tant de l'aspect que
» de la grandeur des navires, laquelle paraît avoir été souvent très-
» considérable..... Comme on n'a jamais trouvé dans ces sculptures
» de traces équivoques de mâts et de voiles, les navires de l'âge de
» bronze étaient exclusivement adaptés à l'usage de la rame. »

Nous voyons ces sculptures des rochers (en suédois : *Hällristingar ;* en dano-norwégien : *Hellristinger*) en partie reproduites sur les fig. 4, 5 et 6 (pl. I). D'après les nouvelles recherches faites par les savants, ces sculptures paraissent remonter, d'une manière assez véridique, à l'âge du bronze.

Quoique gravées d'une façon un peu primitive, elles peuvent néanmoins nous montrer que la marine possédait déjà quelques bonnes idées de construction ; ainsi nous remarquons la fig. 4 (pl. I) qui nous fait voir environ 18 rames, en plus un avant indiquant à peu près la forme d'un éperon.

La fig. 5 (pl. I) est, en grande partie, la répétition de la figure précé-
dente, de même que la fig. 6. Dans un des navires de la fig. 5 (pl. I), on
croirait reconnaître des hommes montés dans une embarcation et se
servant, pour la faire avancer, de rames à pales réunies, c'est-à-dire
d'espèces de pagaies dont on se servait dans les *holker* de petite dimension.

Ces sculptures ont été trouvées au Bohuslän ou Bohuslen.

On remarque beaucoup de dessins de navires faits sur des couteaux
ou des rasoirs de l'époque du bronze ; une assez grande collection de ces
objets se trouve aux Musées de Christiania, de Stockholm et surtout de
Copenhague. On peut encore, par eux, tirer quelques conséquences sur
la marine de l'époque qui nous occupe pour le moment.

Depping, dans sa description des expéditions des Normands, nous
dit que dans les iles suédoises de Gotland et d'Œland, qui étaient les
anciens lieux de rendez-vous des *Vikings*, on retrouve des assem-
blages de pierres brutes qui ont été déposées en forme de grands
bateaux :

« A Œland, il y a un grand navire monumental de quatre-vingts
» pieds de long ; de hautes pierres calcaires représentent la poupe et
» la proue ; les bancs de rameurs sont indiqués par de gros cailloux ;
» un granit isolé au milieu de l'enceinte figure le mât.

» Sur la plage d'Apenrade, en Sleswig, on voyait autrefois une flotte
» entière composée d'une vingtaine de bateaux grands et petits, repré-
» sentés par des pièces brutes, peut-être pour rappeler quelques
» victoires navales ou quelques expéditions heureuses. »

Nous trouvons déjà dans cette manière de rendre un objet, de repro-
duire, on peut dire brutalement, un navire, une idée de la grandeur que
pouvaient avoir les constructions navales ainsi représentées, tout en
mettant, bien entendu, une certaine réserve à notre pensée ; car cette
reproduction naturelle, mais grossière, ne pouvait que donner un
simple tracé auquel on ne peut attacher qu'une importance secondaire.
Ce tracé cependant commençait à nous jeter un modèle brut de la science
navale.

M. Oscar Montelius nous dit, de son côté : « Les tombeaux (des
» *Vikings*) sont recouverts d'un tumulus, tantôt indiqué par des pierres
» placées en cercle, en triangle ou en forme de navire pointu aux deux
» extrémités. »

Nous arrivons maintenant à l'âge réel où vécurent les *Vikings*.

M. N. Nicolaysen, antiquaire distingué de la Norwège, le même qui à dirigé les dernières fouilles, nous apprend que, dans le district ou bailliage de Nordland, on a trouvé, dans une éminence de terre, des rivets en fer, ce qui fait supposer qu'un navire avait été enterré à cette place dans des temps reculés; de plus, on remarquait sur la terre, de chaque côté de la sépulture supposée, les traces des deux côtés d'un navire.

Près de Tomeide (Tumbeid) on trouva, il y a quelques années, une vieille ancre de navire, qu'on peut voir aujourd'hui au Musée de Bergen.

Près de Lurö on découvrit, avant 1814, dans un tumulus, une ancre de la même forme que celle citée plus haut, des restes d'un navire et quelques ossements humains.

M. Conr. Engelhart nous parle de quelques trouvailles faites, une à Ulltuna, à environ 8 kilomètres (3/4 de mille) d'Upsala, dans une petite éminence de terre.

En creusant, on remarqua des raies ou stries de terre noire qui n'étaient autres que les empreintes d'un navire qui avait été enterré dans un temps très-reculé. On y trouva aussi plusieurs clous de navire d'environ 2 à 4 centimètres (1 1/2 à 2 pouces) de long, à tête ronde d'une extrémité et à rivet à quatre côtés de l'autre. Les stries avaient une longueur d'environ 2^m35 (8 pieds). On ne peut néanmoins déterminer la longueur du navire, parce que le bout de la fosse creusée était détruit et donnait, par conséquent, une solution de continuité.

On trouvà dans la même fouille un squelette humain et des squelettes de chevaux; « de sorte, — dit Conr. Engelhart, — qu'on avait donné le
» choix au mort de se rendre soit en navire, soit à cheval, au
» Walhalla ! »

On mit aussi au jour un casque, ce qui est de la plus grande rareté dans les trouvailles faites dans les tombes du Nord. Enfin, nous citerons encore une grande hache, une marmite en fer, plusieurs pions à jouer et les os de différents animaux.

Non loin de Lackalänger, environ 10 à 11 kilomètres de Lund, dans le district de Skaane, on a supposé qu'il y avait eu un navire mis en terre, car on découvrit une centaine de clous en fer, plus des os brûlés, du charbon, des morceaux de harnachements et un squelette de chien.

M. Conr. Engelhart nous cite, d'après des détails empruntés à une Société d'archéologues anglais (1), quelques découvertes faites dans le

____

(1) Proceedings of the Society of Antiquaries.

comté de Suffolk, près de Snape, où on a trouvé un navire mesurant environ 14ᵐ50 (46 pieds 2/3) de longueur, sur environ 2ᵐ90 (9 pieds 1/2) de largeur ; sa hauteur était de 1ᵐ à 1ᵐ10 (3 pieds 10/12) ; il y avait 7 rivets occupant une place de 90 à 95 centimètres (3 pieds). Dans le navire on trouva quelques cheveux, une bague en or et quelques morceaux provenant d'un vase en verre.

Le navire avait été construit à recouvrement, en d'autres termes, à clin, et les bordages étaient joints au moyen de clous à rivet. « Nous » devons attendre, — d'après M. Conr. Engelhart, — des recherches » plus favorables pour nous apprendre quelque chose de plus certain » sur les navires du premier âge du fer. »

Grand nombre d'objets divers ont été retirés des fouilles entreprises dans le nord ; mais comme il serait ici trop long de les décrire et que ces objets ne nous donneraient d'ailleurs aucun éclaircissement sur le sujet que nous traitons, nous renvoyons le lecteur aux Musées du Nord, s'il a l'occasion de visiter la Scandinavie, ou aux ouvrages spéciaux, en particulier à celui de M. O.-A. Överland : *Histoire de la Norwège (Norges Historie)*.

Puisque nous parlons de l'Angleterre, nous ne pouvons passer sous silence les fouilles faites en 1883 à Taplow, près de Maidenhead, à un des endroits les plus riants des bords de la Tamise. On trouva dans un tumulus différents objets, en particulier une fibule d'or émaillée, ciselée et d'une conservation parfaite ; deux autres fibules plus petites : une épée en fer, mais profondément rouillée et impossible à conserver ; et quelques ossements.

Certaines empreintes découvertes sur des fragments de planches, qui devaient avoir enfermé tous ces débris, paraissaient indiquer qu'un corps y avait été inhumé.

On ne peut que faire des conjectures sur l'origine et la date de cette sépulture ; mais l'ornementation toute scandinave des objets semble indiquer que nous nous trouvons en présence de la sépulture d'un chef normand, de quelque *Viking* des mers du Nord.

Nous arrivons maintenant à une découverte faite dans la Seine, à Paris, racontée dans l'*Histoire de l'Académie des Inscriptions et Belles-Lettres*, et ainsi intitulée :

Mémoire sur la manière de naviguer des Normands, et sur un bateau déterré à Paris, près du Champ-de-Mars, en 1806.

« Informé qu'en faisant les fouilles de la culée du pont d'Iéna, dans » l'île des Cygnes, au mois d'août 1806, on avait trouvé un bateau en » bois, à 60 centimètres (1 pied 10 pouces 2 lignes) au-dessous des plus

» basses eaux de la Seine. M. Mongez alla en examiner les débris, qui
» étaient assez considérables pour que, dans tous, on pût reconnaître
» les détails, la forme et la construction de ce bateau. L'Ingénieur
» chargé des travaux du pont en fit faire le dessin, reproduit dans la
» planche ci-jointe (voir le *Mémoire*), qui en présente le plan et les
» coupes : sa longueur est de 8ᵐ90, sa largeur de 1ᵐ20, sa profondeur
» de 0ᵐ65. Il est formé d'un seul tronc de chêne creusé ; six demi-
» courbes du même bois, fixées avec des chevilles de sapin, et placées
» alternativement contre l'un et l'autre côté, servent à les maintenir
» tous les deux ; il pouvait porter 8 hommes avec leurs bagages et leurs
» vivres. N'ayant qu'une immersion de 0ᵐ27 (10 pouces), le bord était
» élevé de 0ᵐ38 (14 pouces) au-dessus de l'eau.

» A quel peuple ce bateau a-t-il appartenu ? Pour répondre à cette
» question, M. Mongez fait remarquer que, depuis très-longtemps, les
» peuples civilisés ont renoncé à l'usage des bateaux faits d'un seul
» tronc d'arbre creusé..... Pline rapporte que les pirates de la Ger-
» manie faisaient leurs courses sur des bateaux semblables, et que,
» comme ceux des bords orientaux du Pont-Euxin, ils les transportaient
» par terre au retour de leurs excursions, et même, pendant la durée
» de ces courses, d'une rivière à l'autre, quoiqu'il y eût quelquefois
» entre elles une grande distance. Telle était encore la manière de
» naviguer des peuples de la Germanie connus sous le nom de Nor-
» mands, et qui, au ɪxᵉ siècle de l'ère chrétienne, pénétrèrent jusqu'au
» centre de la France et pillèrent les villes situées sur la Seine, l'Oise,
» la Marne et l'Yonne. Sur mer, ils ne s'éloignaient point des côtes :
» leurs bateaux avaient des rames et des voiles ; ils étaient approvi-
» sionnés de blé, de vin et de porc salé ; on n'y distinguait point la
» proue de la poupe, et on les nommait vulgairement *Scapha* et *Barca*.
» Tels étaient aussi les bateaux des Normands qui assiégèrent la ville
» de Paris en 885.

» Ils y arrivèrent par la rivière ; mais les Parisiens n'abandonnèrent
» pas la ville, comme ils l'avaient fait quarante ans auparavant, et,
» animés par leur comte Eudes et leur évêque Gozlin, ils soutinrent un
» siége qui dura quatre ans et forcèrent les Normands à le lever.

» Pendant ce siége, — dit la *Chronique latine* de Réginon, abbé de
» Prum (abbaye située entre Trèves et Limbourg), — les Normands
» firent une chose admirable ; car, prévoyant que la ville de Paris ne
» serait pas prise, ils se mirent à chercher les moyens de remonter la
» Seine au-dessus de Paris, avec leurs flottes et toutes leurs troupes,
» pour aller ravager sans obstacles les frontières de la Bourgogne. Les

» assiégés interceptant le cours du fleuve, les Normands traînèrent
» leurs barques dans un espace de deux mille pas, et, par ce moyen,
» ayant évité le danger, ils les redescendirent dans la Seine. »

» C'est à la même époque que M. Mongez fait remonter la construc-
» tion du bateau trouvé dans l'île des Cygnes, et qui dut être abandonné
» par les Normands, obligés de renoncer précipitamment à leur entre-
» prise contre Paris. L'épaisseur du dépôt de la Seine qui recouvrait le
» le bateau fait supposer qu'il était dans ce lieu depuis un temps bien
» voisin de celui de ce siége; et cette observation prête un nouvel appui
» aux conjectures et aux explications de l'auteur de ce *Mémoire*. »

M. A. Jal qui, dans son *Archéologie navale*, au Mémoire n° 2, traite
aussi de la barque trouvée dans la Seine, répond ainsi à M. Mongez :

« Je n'ai aucune raison pour nier *à priori* que le savant Mongez eût
» deviné l'origine du bateau dont il est question; mais je dois dire que
» les raisons sur lesquelles il se fonde sont peu solides. »

A ce passage, M. A. Jal commence par émettre quelques doutes sur la
conséquence tirée par le savant Mongez que la couche de vase qui cou-
vrait le navire pouvait être une preuve de son très-long séjour dans
l'eau, et pouvant alors le faire remonter au temps des expéditions nor-
mandes, puis il continue :

« Comment en 921 années, car la découverte est de 1806, le lit d'une
» rivière qui charrie les vases de la Marne, les sables de l'Aube, de
» l'Yonne, etc., et les détritus de Paris, le lit de cette rivière n'aura
» monté que de deux pieds?..... M. Mongez a trop complaisamment
» arrangé pour son hypothèse un argument trop peu réfléchi. »

À propos de l'appellation que donne M. Mongez aux navires normands de *scaphæ* et de *barcæ*, M. Jal répond :

« Les *Holker* dont je parle, qui ne sont point des *scaphæ* ou des
» *barcæ*, comme les appelle Mongez dans sa préoccupation d'antiquaire
» un peu entêté de latin et de grec. ... Est-ce que par hasard les Nor-
» mands avaient, pour naviguer sur les rivières, où leurs flottes dévas-
» tatrices entraient si souvent, des barquettes d'une construction spé-
« ciale? Mais combien il en aurait fallu de ces petits *Holker !* et où les
» auraient-ils mis dans leurs grands navires? il leur fallait indispensa-
» blement des chaloupes capables de leur servir à la mer, et ces cha-
» loupes étaient sans doute leur moyen de transport et de battelage sur
» les rivières.....

» Acceptons toujours, — continue M. A. Jal, — les choses les plus
» simples comme les plus vraisemblables, et ne forçons point tous les
» débris que nous trouvons à avoir une valeur monumentale. »

Nous nous rangeons entièrement à l'opinion émise par cet écrivain, et nous croyons aussi que M. Mongez a été un peu trop vite à porter son jugement, et à faire remonter cette trouvaille au temps des expéditions des *Vikings*.

Nous laisserions volontiers ici cette question, si nous n'avions encore quelques vues à faire ressortir, vues qui peuvent donner une idée assez précise que, si cette embarcation est du temps des Normands (pendant qu'elle est certainement nationale), elle ne pouvait leur être d'aucune utilité ; du reste, ce que M. Jal vient de dire : « qu'il leur fallait des » embarcations propres à tenir la mer, » nous en avons déjà parlé quand nous avons décrit le *Holker*.

M. Mongez nous dit que cette barque pouvait contenir huit hommes avec des provisions, etc. Que pouvaient faire des hommes dans une embarcation plate qui ne possédait aucun tolet à rame, et qui, par conséquent, ne pouvait être dirigée qu'au moyen de rames palmées ou pagaies ? Ces barques auraient été bien peu pratiques pour les expéditions des *Vikings*, et pourquoi donc auraient-ils embarrassé les ponts de leurs Dragons d'embarcations incapables de tenir la mer ?

Pour clore ce débat et ne pas l'éterniser inutilement, nous citerons M. Conr. Engelhart.

» Cette trouvaille, — dit-il, — a attiré beaucoup l'attention, et, sans » aucun fondement, a été considérée comme provenant du Nord. »

On sait aussi qu'on a fait, dans la Seine, la découverte d'un autre bateau mesurant environ 5ᵐ65 (18 pieds) de longueur, creusé dans un tronc de chêne, plat et seulement un peu plus haut de bord vers les extrémités que vers le milieu. Nous ne nous y arrêterons pas, puisqu'on ne lui a point fait l'honneur, comme le précédent, de le considérer comme ayant appartenu aux *Vikings*.

Le 18 août 1863 devait nous donner une nouvelle découverte digne du plus grand intérêt : c'est celle de Nydam, près Östersottrup, dans le Jutland méridional, qui mit au jour un navire bien conservé et pouvant remonter au temps des expéditions des Scandinaves.

Il était placé dans le tumulus dans la direction nord-ouest-sud-est.

Le navire (v. fig. 2, pl. I) a une longueur générale, entre les pointes élevées des deux étraves, de 23ᵐ50 (75 pieds) ; il est passablement large vers le milieu, puis qu'il mesure environ 3ᵐ50 ; il se fait remarquer par l'élégance et la souplesse de ses formes.

Sa construction se compose de dix planches de bordage en chêne, c'est-à-dire cinq de chaque côté. Les planches au bordage sont reliées entre elles par des clous en fer placés à 28 centimètres (5 pouces 1/2) les uns des autres ; ces clous ont une tête ronde extérieurement et sont à rivet intérieurement.

Le navire est construit à clin. La façon dont les bordages sont liés aux couples le distingue des embarcations actuelles.

Les planches au bordage ont une largeur totale d'environ 14 mètres (40 pieds 3 pouces) et sont d'une seule pièce. Les deux extrémités, à l'avant et à l'arrière, sont maintenues au moyen de chevilles de bois.

A l'étrave de l'arrière et de l'avant, on remarque deux grands trous qui ont été utilisés pour tirer le navire à terre au moyen de cordes ou de câbles passés dans ces deux ouvertures, car il ne faut pas oublier que, dans la dernière partie de l'âge du fer, les navires étaient toujours halés à terre pendant l'hiver, et restaient peu à la calangue, en particulier pour la fête d'Iol, qui arrivait au solstice d'hiver.

Ce bateau n'est nullement ponté; ni même muni d'un faux-pont; et, comme on le voit, il se termine en pointe, tant à l'avant qu'à l'arrière, ne portant aucune trace de mât et ne marchant qu'à la rame, au moyen de 14 paires de ces dernières.

Les tolets des rames ont une forme particulière, forme qui existe encore cependant en Norvège, de nos jours. Quoique ces dits tolets servaient au même but, ils ont été grossièrement travaillés et ils diffèrent les uns des autres dans leur genre de construction. On peut s'étonner à la pensée que ces tolets devaient être maintenus en place au moyen de liens, ce qui fait qu'on devait être souvent occupé à les assujettir de nouveau ; mais ce système, tout défectueux qu'il paraisse, permettait aux hommes de pouvoir les changer de côté, et, par ce changement, se servir également des deux extrémités du navire pour aller en avant.

« Cette forme de tolets, — dit M. Conr. Engelhart, — rappelle les » navires des Suiones, décrits par Tacite. »

Cette citation de l'écrivain danois nous engage à laisser un moment la description de notre navire et à voir ce que nous dit M. A. Jal, d'après Tacite :

« Les Suiones, aïeux antiques des Danois, ne vont pas à la voile, et » n'attachent point leurs rames en ordre régulier sur les côtés de leurs » navires, mais ils ont des rames libres, pouvant agir d'un côté ou de » l'autre au besoin. »

Le changement de côté des tolets ne pouvait être effectué qu'avec une grande perte de temps et avec incommodité; d'ailleurs, les rames devaient être attachées fortement aux tolets.

Comme on trouve des traces d'usure par le frottement, on peut en tirer la conséquence que le navire avait servi avant d'être descendu dans la fosse.

Sur le côté du dit navire on a trouvé un gouvernail mesurant environ 2″90 (9 pieds 4 pouces 1/4) de longueur et muni, vers le milieu, d'une ouverture dans laquelle une corde a dû être passée pour le maintenir contre le flanc du navire où il a été trouvé.

Cette forme de gouvernail est ancienne et a été conservée jusque vers le moyen-âge, pour ensuite se placer à l'arrière dans la ligne médiane même du navire, ainsi que nous l'avons de nos jours. Nous aurons à revenir sur cette sorte de gouvernail que nous retrouvons sur tous les monuments anciens. Sur la tapisserie de Bayeux nous le voyons occuper la même place. On le voit également sur le bas-relief de la tour penchée de Pise, et, enfin, sur divers sceaux et documents anciens. (V. fig. 3 et 7, pl. I.)

Les rames trouvées dans le navire sont parfaitement semblables à nos rames modernes et mesurent une longueur de 3″40. Entre autre inventaire de l'embarcation, on trouva une grande ancre en fer, deux écopes, etc.

Le navire, dont nous venons de parler, a été transporté au musée de Kiel; mais on peut en voir un modèle réduit déposé au Musée des antiquités du Nord, à Copenhague.

Dans la même vitrine on remarque aussi deux tolets du dit navire, l'un n'est qu'une imitation; il y a encore quelques planches trouvées pendant la même fouille.

Au moment où l'on annonçait la découverte du navire de Nydam, on parlait d'une fouille qui allait mettre au jour un navire qu'on a pu reconnaître comme étant en bois de sapin, de la même grandeur et de la même construction que celui décrit ci-dessus.

Les jours se suivent et ne se ressemblent pas, il en est de même pour les personnes ainsi que pour les nations : La guerre dano-allemande empêcha la continuation des fouilles.

Cette guerre me rappelle qu'avant de continuer, je ne puis passer sous silence une petite conversation que j'ai eue dans le musée de Copenhague.

Lors de la visite que j'y ai faite, afin de bien me rendre compte des trouvailles de Nydam, le hasard m'amena à demander quelques renseignements à un Monsieur dont j'ai pu apprécier, par la suite, la compétence.

Ce Monsieur s'est prêté d'une manière très-courtoise à m'être utile, et, comme je lui parlais du second navire, il hésita un moment à me répondre ; mais après une assez longue pose, il se décida à me dire :

« Il est encore dans terre, à la place qu'il occupait lorsque nous
» l'avons découvert. Nous pensons que les Allemands ignorent où il
» se trouve et..... plus tard..... si les destinées de notre nation vien-
» nent à changer..... si elle revoit des jours meilleurs..... nous sau-
» rons où retrouver notre second navire ! »

Ces quelques paroles suffirent pour me rappeler que la terre où
repose cette richesse archéologique n'est plus danoise, mais alle-
mande !

Reprenons notre récit :

« L'une des trouvailles les plus remarquables de la période moyenne
» de l'âge du fer, — dit M. Oscar Montelius, — est celle qui fut faite,
» en 1855, dans un tumulus à Ultuna, près du Frysa (1).

» Ce tumulus contenait encore les restes distincts d'un *navire* dans
» lequel un guerrier avait été enseveli avec ses armes et ses deux che-
» vaux. On voyait encore à leur place les clous en fer qui avaient
» retenu les bordages.

» Le navire paraît avoir eu les dimensions d'une petite barque à mât.
» A côté du corps brûlé se trouvait une épée ; la lame est en fer, et la
» magnifique poignée, en bronze doré, est décorée d'entrelacements
» d'une exquise élégance. On recueillit, en outre, des débris de la gaîne
» en bois et de ses garnitures dorées.

» On rencontra aussi un casque en fer à crête ou cimier en bronze
» garni de zinc, — le seul casque connu jusqu'ici de la période payenne
» de la Suède, — un magnifique umbon de bouclier en fer plaqué de
» bronze, la poignée ou l'anse du bouclier, 19 têtes de flèches, le mors
» de deux brides, une paire de ciseaux, le tout en fer, 36 dames de jeu
» et 3 dés en os.

» A l'avant se trouvaient un gril en fer et un chaudron de tôle de fer
» rivé avec une anse mobile, ainsi que des os de porc et d'oie, proba-
» blement les restes du repas des funérailles. »

Nous allons entrer maintenant dans la description d'une trouvaille
de premier ordre faite en Norwège, d'un navire assez bien conservé et
qu'on peut voir maintenant au musée des antiquités à Christiania ; nous
empruntons quelques-uns des détails de cette heureuse découverte à
la description de M. le professeur O. Rygh, conservateur du dit musée.

C'est à Tune, dans le district de Smaalenene, à environ 8 kilomètres

(1) Rivière célèbre dans la période légendaire de l'histoire de la Suède, qui, après
avoir traversé la ville d'Upsala, se jette au sud de cette ville dans le Mälar.

(3/4 de mille) de Frederikstad, non loin d'un des bras du Glommen, que la trouvaille fut faite.

Dans la contrée, il courait une légende, de celles qui sont particulières à la Norwège, surtout dans les campagnes. Cette légende disait qu'il devait y avoir un navire d'enterré dans une petite éminence de terre située dans le pays.

« On avait, très-vraisemblablement rencontré quelque chose dans
» une fouille, qui paraît avoir été pratiquée, — dit M. O. Rygh, — vers
» le commencement de la deuxième partie du siècle dernier. »

Confiant dans cette légende, le propriétaire du terrain, un nommé Ole Arvesen, commença à fouiller, il y a de cela quelques années, afin de trouver le soi-disant navire. Après plusieurs essais, restés infructueux, il finit cependant par en rencontrer une des extrémités, ce qui, naturellement, l'engagea à continuer ses recherches, et il arriva enfin à mettre au jour une grande partie de l'intérieur du navire, lorsque le lieutenant H. Bassoe eut connaissance de cette trouvaille.

M. Bassoe se mit de suite au fait de la découverte, et prévoyant une richesse archéologique, fit arrêter la fouille afin de prendre toutes les précautions requises en une telle circonstance, et tâcher de sauver une curiosité qui est, aujourd'hui, une des plus belles antiquités qui ornent le Musée de la capitale de la Norwège.

« Le tumulus, — nous dit un écrivain, — paraît avoir été d'une assez
» grande dimension ; mais comme cette terre se trouvait livrée à la
» culture, petit à petit cette éminence diminua, de sorte qu'il est assez
» difficile de pouvoir se rendre un compte bien exact de ses dimen-
» sions.

» On peut en tirer la conséquence qu'elle pouvait avoir environ 3"50
» à 4 mètres (6 aunes) de hauteur sur un périmètre d'environ 200 à
300 pas. »

La déclivité du terrain nous mène vers les rives du fleuve le Glommen dont le tumulus n'est pas bien éloigné, ainsi que nous l'avons déjà dit.

On s'explique la conservation du navire, pour une de ses parties, à la terre dans laquelle il reposait, c'est-à-dire, qu'il existait deux sortes de terrains bien distincts : Celui dans lequel se trouvait la partie bien conservée du navire était une espèce de glaise imperméable, sorte de tourbe ou argile bleue qui, comme on le sait, a la propriété de conserver, d'une manière parfaite, les matières même délicates. Vers ses extrémités, au contraire, le navire se trouvait dans une autre couche de terre impropre à la conservation du bois, alors, ces deux parties tombèrent en poussière lors de la fouille, de sorte qu'on ne put rien en conserver (V. fig. 8, pl. I).

La partie centrale est donc la mieux conservée, grâce à la couche argileuse qui, à cet endroit, était plus épaisse.

Au milieu même du navire il ne paraît lui manquer qu'une ou deux planches pour compléter sa forme.

En ce qui concerne les étraves, la partie inférieure seule est conservée; c'est-à-dire, à une extrémité, un morceau d'environ 0″35 (1/2 aune), à l'autre un d'environ 1″25 (2 aunes).

Le navire nous paraît passablement plat, ce qui est le résultat de la masse de terre sous laquelle il se trouva pressé, d'une manière continue, pendant un temps très-long. C'est ce qui a fait éclater ou briser plusieurs de ses membrures, et, par conséquent, rejeter le bord un peu en dehors de la position qu'il devait occuper; mais, malgré cela, la partie conservée est solide et les clous tiennent encore fortement.

La position du navire dans terre était N.-N.-Ouest S.-S.-Est. Il reposait un peu au-dessus du niveau du terrain environnant, ce qui nous donne une preuve certaine que lors de l'enterrement on apporta de la terre pour recouvrir le navire. La partie placée vers le sud était un plus basse que la partie placée vers le nord.

Le navire est presque exclusivement en chêne et construit à clin, au moyen de clous en fer; on doit en excepter quelques membrures et quelques chevilles qui sont en sapin et qu'on trouve de place en place.

La quille est en parfait état de conservation et a une longueur de 13″50 (43 pieds 1/3).

Ainsi que nous le voyons, ce navire est un peu plus court que celui décrit par M. Conr. Engelhart, et trouvé à Nydam, qui mesure à la quille 14″25 (45 pieds 1/4); en revanche, il a dû être beaucoup plus large que ce dernier. On ne peut cependant pas donner, d'une manière bien certaine, sa largeur, puisque le bord supérieur manque; mais, après examen attentif, il a dû avoir plus de 4″15 (13 pieds) au milieu, pendant que celui de Nydam n'a, dans sa plus grande largeur, que 3″50 (11 pieds). La hauteur à partir de la quille jusqu'au haut du parapet ou bastingage n'a pas dû excéder 1″25 à 1″30 (4 pieds).

Dans les navires de cette construction et de la dimension de ce dernier, le bordage a été probablement peu élevé.

La construction de ses étraves avant et arrière a dû être très-effilée. Nous retrouverons toujours cette forme dans la construction des navires des *Vikings*.

Quelques circonstances, et particulièrement la façon dont le mât est placé, semblent nous démontrer que la partie tournée vers le nord était l'arrière.

Les différents morceaux bien conservés des membrures du navire nous montrent qu'elles doivent avoir été aussi fortes que celles de celui de Nydam. Sa longueur a été évaluée, d'une étrave à l'autre, à environ 23 à 23ᵐ25 (74 pieds 1/2) pendant que la pièce de la quille n'a seulement qu'une longueur, comme il est dit ci-dessus, de 13ᵐ45 à 13ᵐ50 (43 pieds 1/3).

Le navire avait, sans nul doute, de 10 à 11 planches de bordage de chaque côté. De la dixième planche, on trouve encore quelques restes vers le milieu du navire, et d'après la hauteur des membrures, il est facile de conclure qu'il ne pouvait exister plus de 11 planches de bordage. Les bordages ont une épaisseur d'environ 26 millimètres (1 pouce); ils ont une largeur qui varie entre 15 et 30 centimètres (6 à 12 pouces). Un d'entre eux, le huitième à partir du bas, est beaucoup plus épais que ceux qui sont dessus; il mesure environ 52 millimètres (2 pouces), et possède une largeur de 13 centimètres (5 pouces).

Ne pourrions-nous pas voir dans cette différence de largeur et d'épaisseur de ce bordage, plus résistant que les autres, une ceinture, d'abord de solidité, ensuite de défense, ceinture dont nous avons déjà parlé dans notre mémoire, au passage concernant les navires bardés de fer.

Les clous rattachant les planches qui forment le bordage du navire sont à rivet d'un côté; les rivets sont placés à l'intérieur; à l'extérieur, les clous sont à tête ronde et à une distance de 18 à 25 centimètres (7 à 9 pouces) les uns des autres.

La réunion des bordages est calfatée au moyen de poils goudronnés.

Toutes les rallonges constituant le bordage sont taillées en biseau et réunies au moyen de trois clous à rivet. Comme le parapet ou bastingage manque, les tolets des rames manquent naturellement. On peut cependant supposer, avec assez de certitude, que les tolets étaient semblables à ceux décrits pour le navire trouvé à Nydam, c'est-à-dire, en norvégien, ce qu'on nomme des *Keiper*, système de porte-aviron, qui existe encore de nos jours dans certaines parties de la Norwège.

Les membrures ont été au nombre de 13, parmi lesquelles la plus extrême n'existe pas, et quelques autres sont passablement endommagées. Elles sont formées de trois sortes de bois et sont réunies en partie, soit avec des clous en fer, soit avec des chevilles en bois; la couche supérieure et la couche inférieure sont de chêne, pendant que la couche centrale, qui est plus large que les deux autres et fait un peu saillie des deux côtés, est en bois de sapin.

L'écartement des membrures varie quelque peu, soit d'environ 80 à 5 centimètres (7 à 8 pouces). Elles ont été reliées sur le plat-bord et sur les bastingages au moyen de reliure en tille.

Sur le côté intérieur du plat-bord il existe, pour chaque membrure, une assez longue jumelle ou pièce de bois carrée, dans laquelle se trouvent deux ouvertures, il en existe également une percée dans le bord inférieur et dans laquelle passait une corde ou un cable. On voit encore quelques débris de tille restés dans plusieurs trous

Les planches les plus élevées du bordage ont été réunies aux mem- brures au moyen de chevilles de bois, pendant que dans le bateau danois on avait employé de la corde.

Entre la quille et les membrures il n'y a aucune liaison avec le bordage. La quille est seulement réunie par des clous à rivets qui la retiennent fortement.

« Cette liaison, toute particulière, — dit M. O. Rygh, — a dû certaine- » ment rendre le navire un peu faible, mais par contre elle lui a donné » la plus grande élasticité, et, de plus, accru la vitesse. »

Ce navire ne possédait pas de pont, il n'avait qu'un tillac volant fait de planches reposant sur les saillies formées par les membrures.

Comme on ne trouve aucune trace de bancs, et que, comme nous l'avons déjà dit, le bord supérieur n'existe pas, ni par conséquent les tolets des rames, il est impossible de fixer le nombre qui pouvait exister de ces dernières. On ne peut simplement que tirer une conjec- ture basée sur la grandeur du navire comparée avec celle du bateau de Nydam, et, alors, on pense qu'il pouvait y avoir 10 tolets de chaque côté, soit 20 rameurs, ce qui nous donnerait un équipage d'environ 45 hommes, si, bien entendu, nous considérons ce dit navire armé pour servir à une expédition maritime. Il est à remarquer qu'il n'a pas navigué par le seul secours des rames, mais aussi au moyen d'une voile, car on peut voir la place réservée pour placer un mât. Il existe au fond du navire une pesante pièce de bois de chêne en forme de rectangle, qui s'étend au-dessus des cinq membrures du milieu

Dans cette pièce de bois est pratiquée, un peu à l'arrière de la mem- brure centrale, une ouverture à quatre côtés, servant à placer le mât, et, en face, se trouve le tronçon d'un épais morceau de bois ayant pour but de lui servir de support.

Au-dessus de ce massif morceau de bois de chêne, il en existe un encore plus massif mesurant 3ᵐ75 de longueur (6 aunes), un peu plus de 60 centimètres (1 aune) de largeur et une épaisseur de 6 centimètres (1 pied 2/3) au milieu, car l'épaisseur diminue graduellement en se rapprochant des extrémités qui sont taillées en forme de queue de poisson.

Une ouverture placée au travers de ce bloc, ouverture en forme de quadrilatère, mesure 1ᵐ20 (3 pieds 9 pouces) de long et 30 centimètres (11 pouces) de large.

Cette ouverture qui laissait passage au mât lorsqu'il était debout, servait aussi pour en faciliter l'abaissement, quand on pouvait juger utile de le faire, et, lorsqu'on relevait le mât, le vide était, selon toute probabilité, rempli au moyen de tampons ou de coins en bois.

Lors de la découverte du navire, on a retrouvé environ 60 à 65 centimètres (1 aune) du mât qui était encore à sa place ; il est en sapin.

Un peu en avant de l'ouverture creusée pour le mât, il en existe une autre un peu plus petite pratiquée dans le haut de la pièce de bois ; elle mesure un carré de 18 centimètres (6 pouces 1/2) et a peut être servi d'appui en un point plus extrême du mât.

La partie inférieure de cette pièce de bois est complètement libre, c'est-à-dire qu'elle n'a aucune liaison avec la quille ; elle n'est maintenue qu'aux membrures.

Tout le travail de construction du navire a été fait avec beaucoup d'attention et de soin.

Chaque planche du bordage est adroitement ornée d'un filet creusé dans le bois, aussi bien intérieurement qu'extérieurement. Sur le côté supérieur des membrures, on remarque aussi des filets du même genre et des moulures.

A plusieurs endroits dans le navire, on trouve une espèce de peinture étendue en masse sur le bois et ayant une couleur bleu-clair.

Après avoir établi plusieurs conjectures sur cette sorte de peinture, on en a conclu, après recherches approfondies faites par des experts, que cette couleur n'est simplement qu'un composé de fer en combinaison avec un oxyde de fer que la terre environnante a déposé sur le bois en le recouvrant aussi longtemps.

Nous avons maintenant à étudier la description de la trouvaille archéologique qui a été faite, il y a quelques années, en Norwège, et nous verrons, par la suite, la grande similitude de construction qui existe avec la trouvaille faite tout dernièrement dans ce même pays.

Nous ne manquerons pas de parler des différents objets trouvés, soit dans les navires, soit à côté, mais toujours dans le même tumulus, car ils viennent, eux aussi, nous apporter bien des éclaircissements sur la marine des pirates scandinaves.

Dans le navire qui nous occupe, on n'a trouvé qu'un gouvernail, et, d'après le rapport du propriétaire qui a commencé la fouille, il y avait de plus un tronçon de mât placé au travers du bateau. Pour revenir à notre gouvernail, nous voyons qu'il est en bois de chêne, le plat ou la pale a une longueur de 1ᵐ45 (4 pieds 7 pouces) et une largeur de 40 centimètres (10 pouces 1/2); le manche ou la tige qui part du milieu de la pale a une longueur de 58 centimètres (1 pied 10 pouces). Dans le haut de la tige du gouvernail se trouve une ouverture carrée pour passer la barre.

Dans la pale même du gouvernail, environ vers le milieu de sa largeur, à 20 centimètres (7 pouces) de l'angle supérieur, est creusé un trou rond, dans lequel une corde était passée, afin de le maintenir solidement fixé sur le côté du navire. Nous avons déjà rencontré cette particularité.

Ce gouvernail a été, sans aucun doute, placé sur le côté même du navire, un peu en avant de la poupe.

Nous ne nous étendrons pas plus longuement sur la place, l'usage de ce genre de gouvernail; nous aurons à y revenir, et alors nous donnerons les explications nécessaires pour nous rendre compte de sa manœuvre.

Un peu vers l'arrière du billot du mât (pièce de bois que nous connaissons) se trouvait la chambre sépulcrale, en d'autres termes le tombeau même où le chef était inhumé selon les coutumes du temps.

A cette place on a retrouvé des os humains calcinés et aussi ceux d'un cheval; quelques-uns seulement de ces os étaient conservés. De plus, on y a découvert deux perles de verre, quelques morceaux d'étoffe et quatre petits morceaux de bois sculptés, qu'on a pensé provenir d'une selle. Les perles et les morceaux d'étoffe nous prouvent que le mort fut enterré tout habillé et en grand costume.

Près du navire on a découvert quelques morceaux d'un *Ski* (1).

On a remarqué que l'on a dû recouvrir l'intérieur du navire d'une assez forte couche de mousse, avant de jeter de la terre pour le recouvrir.

Non loin du navire, et toujours dans la même fosse, on a trouvé sur la terre des traces d'objets en fer; mais la rouille ayant fait son œuvre destructive, on n'a pu les conserver et il a été impossible de deviner

---

(1) Le *Ski* est une sorte de patin à neige, fait en bois, recourbé à l'avant et ayant généralement une longueur de 2 mètres à 2ᵐ75, une largeur de 10 à 15 centimètres. Le *Ski* est très-connu en Norwège et sert surtout aux paysans, à faire des courses sur la neige durcie pendant l'hiver.   (Note de l'Auteur.)

quels pouvaient être ces objets. On a remarqué vers l'avant du navire une épée ayant la forme exacte de celles dont se servaient les *Vikings*; et, sur le côté gauche, c'est-à-dire presque sur le côté opposé, on a pu reconnaître qu'il y avait eu des lances ou bouts de lances et des umbons de boucliers. A la place que devait occuper l'avant du navire, il existait une grande quantité de rouille qu'on a présumé provenir de plusieurs cuirasses ou plastrons.

Vers le milieu, au-dessus du bastingage, sur le côté gauche, on voit une grande quantité d'os provenant de chevaux; ils étaient tellement friables que seules les dents ont pu être conservées.

Un vétérinaire nous apprend que ces os provenaient de deux chevaux, un vieux et un jeune.

Plusieurs morceaux de bois de différentes dimensions et de diverses formes ont été aussi retrouvés: nous citerons parmi eux un petit morceau rond en chêne, ayant pu servir de bonde pour un baril.

On a aussi retrouvé des restes d'arbrisseaux de génévrier, et chose remarquable, si bien conservés qu'on pouvait y voir parfaitement les épines.

Enfin, sous le navire, vers le côté est, on a découvert une bêche en chêne et un levier fait d'un jeune arbre de cette essence, sur lequel on voyait encore en partie l'écorce.

La description que nous venons de donner et les objets trouvés dans cette fouille nous démontrent que nous sommes devant un navire ayant appartenu au deuxième âge du fer en Norwège.

La place où le navire avait été enterré avait certes été choisie par prédilection. On avait dû le traîner ou le porter à cette place, car elle était située non loin de la rivière que ce navire avait sillonnée avant d'être mis en terre pour des siècles.

« De ce lieu de repos, — écrit M. O. Rygh, — le mort pouvait jouir
» d'une belle vue sur la contrée qu'il avait habitée, et dans laquelle il
» avait agi et s'était distingué. Aussi, dans le navire, le mort occupait-il
» la place qu'il y avait pendant son existence, puisque c'était un chef, il
» était naturellement à la barre! »

C'est aux mois de mai et juin de l'année 1880 que la Presse norwégienne fit connaître au public l'heureuse trouvaille de Sandefjord qui, ainsi que nous l'avons dit, nous a engagé à traiter de la marine au temps des pirates scandinaves.

Le navire de Sandefjord excita au plus haut point l'intérêt des archéologues et des savants qui s'occupèrent de le faire déterrer du tumulus où il était et de le faire transporter au Musée de la Capitale, où réparé et remonté, on peut aujourd'hui le voir et contempler un des rares navires, le seul de cette dimension, qui ait été découvert et qui puisse donner une idée assez déterminée des constructions navales des pirates scandinaves.

Nous terminerons notre mémoire par les détails les plus saillants de cette découverte.

A environ 10 à 11 kilomètres (1 mille) de la station balnéaire de Sandefjord, au sud de la Norwège, dans une propriété de Gokstad, était un tumulus (V. fig. 9 A, pl. II) connu dans le pays sous le nom de « Colline » du Roi » (Konshaugen).

D'après une légende qui courait dans la contrée, on disait qu'un puissant souverain devait être enterré à cette place avec ses trésors.

On se demande réellement comment il se fait qu'on ne se soit pas occupé, il y a déjà longtemps, de faire des recherches, non en prenant pour seule base cette légende de la contrée, mais bien en se rappelant qu'une légende du même genre existait déjà dans le district de *Smaalenene*, où se trouvait une petite éminence de terre de laquelle on a fait sortir le navire dont nous avons parlé, et qui est aujourd'hui, après celui qui va nous occuper, une des grandes curiosités du Musée archéologique norwégien.

Soit par superstition, chose qui n'aurait encore rien de bien singulier dans la campagne norwégienne, soit pour toute autre cause, que nous ne chercherons pas à approfondir, il n'y a que l'année dernière (1880) (1) où des paysans voulant, dit-on, creuser un puits, dans la propriété qui leur appartenait, rencontrèrent quelques morceaux de bois. Ils arrêtèrent leurs travaux et annoncèrent leur découverte à Christiania ; alors le savant archéologue, M. N. Nicolaysen, se rendit à la place où se faisaient les travaux. Sous ses ordres commencèrent bientôt les fouilles, et, quelque temps après, on mettait au jour un navire dont on peut faire remonter l'existence entre la fin du viiiᵉ siècle et le milieu du xiᵉ.

Le tumulus dans lequel a été trouvé le navire est d'assez grande dimension, et la colline nous montre une assez forte éminence de terre.

La conservation du navire s'explique par cette sorte d'argile bleue, que nous connaissons déjà, et dans laquelle il se trouvait enterré, de sorte que toutes les parties sont dans un état parfait et possèdent encore une très-grande force.

La masse de terre qui, depuis tant de temps, pressait le navire, lui avait donné une forme un peu aplatie, et quelques membrures avaient

____

(1) Ce travail ayant été écrit en 1881. (Note de l'Auteur.)

souffert; mais, une fois les réparations nécessaires, il ne reste plus aujourd'hui aucune trace de cette difformité.

Le navire était placé dans la terre de telle sorte qu'il tournait a poupe du côté de la mer; d'ailleurs, il faut penser qu'à cette époque la mer n'était pas très-éloignée du tumulus, et que peut-être même elle en baignait presque le pied.

La position de la poupe était ainsi donnée pour permettre au chef inhumé la facilité de pouvoir prendre facilement la mer et se rendre, quand le « Grand Père » l'appellerait, au paradis des Scandinaves, c'est-à-dire au *Walhalla*.

Le navire (V. fig. 9 B, pl. II) est en chêne et construit à clin, construction spéciale aux navires dont nous avons donné les détails, et qui se retrouve encore souvent de nos jours en Norwège, surtout dans le nord.

Les bordages sont maintenus entre eux au moyen de clous en fer à rivet intérieurement et à tête ronde extérieurement (V. fig. 9 c, pl. II); la distance des clous varie entre 18 et 25 centimètres, et leur forme, ainsi que nous le voyons, a toute similitude avec ceux déjà découverts dans les *tumuli* des pays scandinaves.

Le navire (V. fig. 10 D, pl. III) se compose de 20 membrures, dont l'extrémité supérieure est reliée au bordage au moyen de clous en fer et de chevilles en bois; mais la partie inférieure est reliée au navire au moyen d'attaches ou bandes qui passent dans de petits taquets ou pièces de bois carrées reliant le bordage. C'est le même système que les navires de Nydam et de Tune. L'écartement des membrures diffère, mais on peut citer une moyenne de 1 mètre à 1ᵐ05. Leurs largeurs varient beaucoup et nous pouvons mettre une moyenne de 15 à 18 centimètres. Leurs épaisseurs vont de 9 à 12 centimètres.

Le calfatage est fait au moyen de poils de vache filés à trois cordes.

La quille (V. fig. 10 A, pl. III) du navire se compose d'une seule pièce de bois de chêne d'une longueur totale de 17ᵐ47 et d'une largeur, au milieu du navire, de 24 à 25 centimètres. Aux deux extrémités, la quille se trouve continuée au moyen de deux pièces de bois recourbées et formant les étraves d'avant et d'arrière. Les pièces de bois et les bordages sont réunis par une coupe en biseau et maintenus au moyen de clous en fer et de chevilles en bois.

L'épaisseur de la quille se trouve être de 0ᵐ11 à la partie centrale du navire.

Les deux extrémités, c'est-à-dire la proue et la poupe, ont une construction exactement semblable, il est cependant à remarquer que l'étrave d'arrière est beaucoup plus élevée que l'étrave d'avant (V. fig. 10 A, A', pl. III).

La partie supérieure des deux étraves manquant, il est impossible de pouvoir affirmer si ce navire était orné de têtes de dragon. Il est probable, d'ailleurs, que cet ornement s'appliquait à de plus forts navires; de plus, comme nous avons vu que les auteurs citent plusieurs sortes de constructions, il se pouvait bien que tous les navires ne fussent pas munis de têtes de dragon ou de queues de poisson.

Les planches formant le bordage sont au nombre de 15 de chaque côté et ont une largeur variable de 0"17 à 0"22; leur épaisseur est d'environ 0"03.

Le navire a été fait avec beaucoup de goût, car on remarque sur la quille trois petits filets tracés d'un bout à l'autre du navire, de même que sur les planches du bordage il existe le même ornement extérieurement et intérieurement; les membrures aussi portent des moulures faites avec beaucoup d'art.

Ce navire n'a pas eu de pont et est seulement muni d'un tillac volant, c'est-à-dire de pièces de bois reliant les membrures et s'adaptant sur une saillie formée à cet effet par ces dernières, ce que d'ailleurs nous avons déjà lu pour le navire trouvé à Tune.

On remarque, de même, qu'il n'a pas dû exister de bancs pour les rameurs, et que probablement les hommes se tenaient debout, hypothèse émise et qui peut être maintenue, si nous considérons la longueur des rames trouvées dans le navire. Ces rames (V. fig 9 D, pl. II), qui ont eu quelquefois une très-grande longueur, n'étaient pas maintenues au moyen de tolets, mais elles passaient dans des trous pratiqués à cet effet à environ 0"50 au-dessous du parapet ou bastingage (V. fig. 10 B, pl. III). On passait les rames de l'intérieur à l'extérieur, ainsi qu'il est facile de s'en rendre compte par les petites ouvertures allongées qu'on remarque sur les côtés des trous de rames. L'ouverture allongée laissait le passage libre à la pale de la rame.

Lorsqu'on ne se servait pas de rames, et pour empêcher l'eau de s'introduire à l'intérieur, quand les vagues venaient frapper les côtés du navire, on fermait les ouvertures au moyen de clapets ou fermoirs en bois (V. fig. 9 B, pl. II), sur lesquels on remarque aussi de très-belles moulures annonçant une très-grande patience et beaucoup de talent.

Le bastingage du navire, qui mesure une épaisseur d'environ 10 à 12 centimètres, n'est pas conservé dans toute sa longueur; une partie seulement existe (V. fig. 9 A, A', pl. II).

Le navire ne marchait pas seulement à la rame, il marchait aussi à la

voile, ainsi qu'on peut le reconnaître par l'endroit réservé dans le
navire pour élever un mât, et dont un tronçon mesurant environ
2 mètres de hauteur est encore en place; ce tronçon du mât mesure
encore à une hauteur d'environ 1ᵐ50 à 1ᵐ75 environ, 30 à 35 centimètres
de circonférence. L'autre partie du mât a été retrouvée dans le bateau.

La manière de maintenir le mât à sa place était tout à fait identique
à celle décrite pour le navire de Tune, c'est-à-dire que le support
se compose d'une énorme pièce de bois, en chêne, taillée en forme
de queue de poisson à ses deux extrémités et munie, au milieu, d'une
ouverture dans laquelle passait la partie inférieure du mât. Afin de
tenir ce dernier d'une manière très-solide, on passait une autre pièce
en bois, fort lourde, qui venait appuyer comme étai. La pièce ou bloc en
chêne, que nous venons de décrire, mesure 4ᵐ90 de longueur sur une
largeur de 1ᵐ50 avec une épaisseur d'environ 42 à 45 centimètres au
milieu. Ce bloc porte le nom de « Mastefisken, » en d'autres termes
pièce de bois en forme de poisson qui retient le mât, appellation que
l'on retrouve encore de nos jours dans la marine norwégienne pour
désigner une pièce à peu près semblable.

Une entaille d'une longueur de 1ᵐ70, faite dans le bloc ci-dessus
cité, annonce qu'on pouvait abaisser le mât à volonté; d'ailleurs
on remarque en plus, sur les côtés intérieurs du navire, deux
pièces de bois qui servaient de cabestan lors de l'abaissement ou
du relèvement du mât. Il existe au milieu de ce dernier, à une hauteur
d'environ deux mètres, une traverse en bois d'environ 1ᵐ15 de longueur
et d'une épaisseur de 19 centimètres. Cette traverse pouvait servir
à dresser une tente au-dessus du navire, comme c'était l'usage, ainsi
qu'on l'a pu voir d'après les rapports, lorsque les navires ne naviguaient
pas, qu'ils étaient à la calangue dans quelques golfes ou baies et
servaient ainsi d'habitations au moins provisoires. Nous remarquons en
plus deux petites pièces de bois d'une largeur de 30 centimètres et
taillées, comme le gros support du mât, en forme de queue de poisson
à leurs deux extrémités. Ces pièces placées entre les quatrième et
cinquième membrures d'avant et d'arrière, pouvaient, au moyen d'ouvertures qu'elles ont de pratiquées au milieu, servir à placer un petit
mât ou étai, lequel, d'accord avec la pièce transversale du véritable
mât, devait être utilisé pour maintenir la tente en question.

On remarque aussi dans l'intérieur du navire, à l'arrière, cinq places
où des bittes existaient, trois seulement sont entières et dans un état
parfait de conservation.

Les vaisseaux scandinaves n'avaient qu'un mât; nous pouvons en avoir l'entière certitude d'après les écrits et les documents parvenus jusqu'à nous. Cette mâture simple fut longtemps en usage dans la marine du Nord (V. fig. 9 ꜰ, pl. II).

Nous allons entrer maintenant dans quelques descriptions concernant le gréément et la voilure des navires, descriptions que nous emprunterons à M. A. Jal, homme expert en cette matière, et qui nous mettra de suite devant les yeux des détails que nous aurions tort d'aller chercher plus loin :

« Le gréement était simple comme la mâture ; quatre ou six haubans
» de côté, un étai devant, un étai derrière, simple ou double, étaient
» probablement tout ce qui composait le système d'appui du mât. L'étai
» de l'avant et celui de l'arrière, établis contre le tangage, comme les
» haubans contre le roulis, sont très-visibles dans les navires donnés
» par Strutt, dans ceux des sceaux maritimes cités plus haut et
» dans ceux de la tapisserie de Bayeux. »

On a rapporté plusieurs fois que les cordages des navires étaient de pourpre. La pourpre, d'après les écrivains, n'était employée que pour les navires portant les « *Rois-de-Mer.* » Les autres navires n'avaient qu'un gréement de cuir tressé.

« C'est peut-être, au reste, nous dit A. Jal, la peau des phoques
» pêchés sur la côte de Norwège, qu'Ingellus faisait teindre en rouge
» après les avoir fait travailler pour les employer en haubans, étais,
» etc. »

Du mât, passons à la voilure.

Les navires scandinaves ne possédaient qu'une seule voile, ce que nous attestent les monuments les plus dignes de fixer notre attention et notre crédulité. Quelques écrivains, cependant, parlent de plusieurs voiles ou tout au moins de deux ; mais il est probable qu'entraînés dans leurs descriptions ils ont pris pour plusieurs voiles ce qui appartenait à plusieurs navires, lorsqu'une flotte était réunie.

« La voile était carrée, attachée à une vergue, garnie d'écoutes à ses
» angles inférieurs (les points) et gouvernée par deux bras qui s'ar-
» maient à l'arrière, cela est évident..... La voile se repliait vers
» la vergue des cargues. ..... il est bien entendu que la vergue avait
» une drisse passant à la tête du mât dans un trou ou dans un clan
» garni d'un rouet. »

Cet auteur nous dit encore, en se basant sur les écrivains anciens, qu'il y avait des haubans garnis d'enfléchures et que la voile possédait des bandes de ris. Il se pourrait cependant que ces progrès fussent de dates plus récentes que celles qui nous occupent.

Les voiles des navires qui portaient les *Rois-de-Mer*, et par conséquent appartenaient aux riches pirates, « n'étaient pas un simple tissu
» de toile ou un simple assemblage de peaux amincies, elles étaient
» quelquefois couvertes d'or comme celles d'Ingell, ou de peintures de
» couleurs variées. »

Harald, roi de Norwège, nous apprend Guillaume de Malsnesburg,
avait donné au roi Athelstan un vaisseau dont la voile était de pourpre.

Les chefs faisaient peindre, sur les voiles, des emblèmes qu'ils
adoptaient comme armoiries; on y voit plusieurs sortes d'animaux et
aussi un corbeau, oiseau qui, selon les croyances du temps, devait pré-
dire l'avenir. Il était aussi un présage funeste.

Le corbeau était surtout peint sur les étendards; M. A. Jal relève
à ce propos, dans *Encomium* d'Emma, les lignes suivantes :

« Au XI⁰ siècle les Danois avaient un étendard sacré, ouvrage
» enchanté des trois sœurs du roi Sven, brodé par elles en une nuit,
» sur lequel se détachait un noir corbeau, le bec ouvert et agitant ses
» ailes. »

Puisque nous parlons des étendards, nous devons dire que, d'après
Torfée, ces étendards se plaçaient sur le côté droit du navire.

Enfin, notons que les hommes du Nord avaient probablement pour
habitude de placer une girouette à la tête du mât, ce qui servait
pour indiquer la marche du vent et en même temps comme ornement
au navire. Nous voyons ces girouettes figurer sur les monuments dont
noue avons déjà parlé.

Saxo nous rapporte que, quelquefois, les boucliers étaient employés
comme signaux, c'est ainsi qu'un roi, du nom d'Hithim, faisait hisser
un bouclier au mât de son navire pour annoncer que c'était un ami
qui s'avançait; il nous raconte encore que ce roi faisait hisser un bouclier peint en rouge pourpre en signe de paix.

Nous arrivons au gouvernail (V. fig. 9 G, pl. II), qui est exactement
semblable à celui du navire trouvé à Nydam, et qui occupe la même
place, c'est-à-dire le côté tribord du navire. Il est fixé à la dernière membrure d'arrière, à environ 75 centimètres du bastingage.

La membrure qui supporte le gouvernail a été formée de deux pièces
de bois dont l'une n'est que moitié de la longueur et sert particulièrement à le renforcer. Un tenon en bois de chêne, très-résistant, reçoit le
haut du gouvernail qui mesure dans toute sa longueur, à partir du haut
du manche jusqu'à l'extrémité inférieure de la pale, 3ᵐ27; la plus
grande largeur de la pale, c'est-à-dire sa partie inférieure a 56 centi-

mètres et une épaisseur approximative, puisqu'il a une forme bombée, de 7 à 8 centimètres.

A l'extrémité supérieure du manche existe une ouverture longitudinale dans laquelle passait une barre de manœuvre (V. fig. 9 ʜ, pl. II); cette barre, retrouvée dans le navire, est d'un travail très-rare et représente, à sa grosse extrémité, une gueule de poisson. Une corde était passée dans un anneau en fer, fait *ad hoc*, et placé à l'arrière du gouvernail dans la partie inférieure de sa pale ; cette corde servait pour le bien assujettir, pour le faire pivoter, et pour le relever un peu de l'eau, s'il était jugé utile, afin de lui donner moins d'action sur le navire.

Nous sommes maintenant bien fixés sur le genre de gouvernail, puisque plusieurs fois nous l'avons eu sous les yeux; mais avant d'en laisser la description, nous verrons ce qu'en dit M. A. Jal :

« La manœuvre de ces gouvernails, qui, de l'antiquité où nous les » trouvons se sont perpétués jusqu'à nous, se montre encore au côté, » vers l'arrière des *burchii* de Vérone. »

Ajoutons encore une observation, et disons que les ailes de dérive employées, encore de nos jours, sur les fleuves à cours rapide, nous donnent, quoique ces dernières soient placées à l'avant, une légère idée des gouvernails des *Vikings*.

Revenant un peu sur ce que nous avons dit, nous verrons que les navires trouvés en Norwège et en Darnemark sont tous construits en chêne, ce qui prouve que des forêts de cette essence devaient couvrir le sol scandinave au moment des expéditions des *Vikings*. Les arbres qui composaient ces forêts devaient être très-gros, car si nous pensons à l'arbre qu'il fallait pour débiter une quille de plus de 17 mètres de longueur sur une largeur moyenne de 25 centimètres, le tout d'un seul morceau, et, si nous songeons encore à la pièce formant le gouvernail, de même qu'à cet énorme et pesant bloc de chêne servant de support au mât, qui a une longueur de 4ᵐ90 et une largeur de 1ᵐ05, il fallait un arbre ayant au moins une circonférence de 3ᵐ35 à 3ᵐ40.

Le chêne a, ainsi que nous l'avons déjà vu, disparu en partie du sol norwégien (1).

Avant de nous occuper des autres découvertes faites dans le navire, nous allons reprendre la description que nous avons été en quelque sorte obligé d'abandonner pendant quelque temps.

Le navire mis à terre, pour être ensuite enterré, a subi un certain

<hr>

(1) A cet effet, on peut lire l'intéressant livre du Dʳ O.-J. Broch : « *Le Royaume de Norwège et le peuple norwégien.* »

changement, c'est-à-dire qu'une adjonction lui a été faite : une chambre sépulcrale a été construite en pièces de bois rond, et placée vers l'arrière du mât.

La forme de cette chambre est celle d'une toiture dont la base repose sur les deux côtés du navire pour se réunir à une certaine hauteur en formant angle au faîtage. Les deux extrémités de la chambre se trouvent fermées au moyen de planches posées debout, et c'est dans cette sorte de cercueil immense que le mort a été inhumé.

Entrons maintenant dans quelques détails pour décrire le cérémonial funéraire usité chez les Scandinaves.

Toutes les trouvailles nous montrent qu'au temps des *Vikings*, on avait pour habitude d'enterrer un chef dans le navire qui l'avait porté et qui devait toujours lui servir, même après la mort, à le transporter au Walhalla ! dans ce paradis des Scandinaves où le mort devait jouir de la vie future et de ses divertissements, qui consistaient en des luttes quotidiennes et immenses, à la fin desquelles tous les combattants, vainqueurs et vaincus, se réunissaient en un joyeux banquet dans le palais du Dieu Odin, où les servaient les Walkiries.

Non-seulement on inhumait le chef dans son navire, mais on mettait encore avec lui les animaux qu'il avait possédés : son cheval ou ses chevaux avec lesquels il avait aussi la faculté de se rendre au Walhalla ! Ses trésors l'accompagnaient dans la tombe avec le nombre des objets qui étaient en sa possession. On va jusqu'à penser que non-seulement ses animaux favoris lui étaient immolés, mais peut-être aussi des esclaves !

Ce qui a manqué, et ce qui manque encore, pour bien se rendre compte des services religieux, c'est qu'on n'a retrouvé généralement dans les fouilles que des os calcinés. C'est une preuve que la crémation avait lieu quelquefois, usage d'ailleurs usité chez les peuples de l'âge du bronze.

Il arrivait aussi, pour les funérailles des chefs normands, qu'on plaçait le corps du mort sur son navire, et que ce dernier servait de bûcher. On y mettait le feu et le tout était lancé à la mer, où guerrier et navire allaient s'engloutir dans cet élément que le *Viking* avait juré de ne jamais abandonner, ni pendant sa vie, ni après sa mort.

Les femmes recevaient quelquefois le même cérémonial d'inhumation que les guerriers ; d'ailleurs, nous avons vu qu'elles différaient peu de ces derniers puisqu'elles combattaient à leurs côtés.

Nous terminerons ce court résumé des funérailles scandinaves en donnant quelques détails sur une cérémonie funèbre empruntée à une vieille saga :

« Le jour qui suivit la bataille de Bravalla, le roi Sigurd Ring fit
» rechercher le corps d'Harald, ordonna que l'on en essuyât le sang et
» qu'on habillât le défunt suivant l'ancienne coutume.

» Il le fit placer sur le chariot employé par Harald dans le combat.
» Ensuite il fit élever un grand tumulus, y fit entrer en voiture le roi
» Harald avec son cheval de bataille. Le cheval ayant été immolé, le
» roi Sigurd fit prendre la selle dont il s'était servi lui-même, la donna
» au roi Harald, et le pria de faire maintenant ce qu'il préférait, c'est-à-
» dire de se rendre ou à cheval ou en chariot au Walhalla.

» Avant que l'on fermât le tumulus, le roi Sigurd invita tous les
» grands et tous les guerriers à y jeter de grands anneaux et de bonnes
» armes en l'honneur du roi Harald Hildetand. »

Fermement convaincus qu'en mettant au jour ce navire, ils allaient trouver un trésor archéologique utile, non-seulement pour l'histoire des constructions navales, mais pour l'histoire générale des peuples, les savants ne pensaient pas découvrir uniquement une carcasse de navire, mais encore ce qui avait manqué jusqu'à ce jour, c'est-à-dire la sépulture d'un « *Roi-de-Mer*, » et les objets précieux qui l'accompagnaient dans la tombe, comme les *sagas* et quelques découvertes nous l'ont appris. Aussi, quel ne fut pas le désappointement des archéologues lorsqu'en retirant le navire ils trouvèrent non-seulement la chambre sépulcrale vide, ou à peu près, mais encore le navire coupé dans la partie centrale sur le babord de son bordage (1).

L'ouverture qui permit d'entrer dans la chambre sépulcrale fut faite entre la sixième et la septième membrure à partir de l'arrière du navire.

Cette ouverture mesure environ deux mètres de longueur sur la plus grande largeur du bordage.

Plusieurs membrures ont été coupées et la quille même a passablement souffert, car un morceau d'une longueur d'environ 80 à 90 centimètres a été détaché. Ce morceau a été retrouvé et remis à sa place au moyen d'attaches, de sorte que la quille est maintenant entièrement reconstituée.

A quelle époque ces profanateurs de sépulture purent-ils accomplir

---

(1) Dans la planche II, le navire paraît avoir le côté tribord ouvert; c'était pour dessiner le gouvernail, et en même temps donner une idée du dommage causé au bordage, que le dessinateur a agi ainsi.

leur œuvre de pillage et de destruction, et emporter ainsi tant d'objets qui, de nos jours, seraient si précieux pour la science ?

C'est une question à laquelle il est presque de toute impossibilité de répondre.

Ce qu'on peut affirmer, c'est que cette profanation ne put être bien éloignée du temps où le mort fut enterré, car si nous examinons attentivement le navire, nous pourrons remarquer que, pour avoir fait l'ouverture précitée, il fallut creuser le tumulus sur le côté, c'est-à-dire faire une tranchée pour arriver au flanc même du navire et pouvoir défoncer le bordage ; il n'y a donc que des gens ayant assisté aux funérailles, et connaissant parfaitement la place occupée par le bateau et son orientation dans terre, qui purent exécuter une pareille entreprise.

Voyons un peu ce que nous apprend maintenant M. O.-A. Överland.

Cet auteur nous dit que le chef dont nous nous occupons était un homme de haute taille, mesurant au moins 3 aunes et devant avoir plus de cinquante ans d'âge. Si nous en croyons toujours le même auteur, ce chef a dû beaucoup souffrir de la goutte, surtout dans les pieds, et on va même jusqu'à penser qu'il mourut de cette maladie !

Continuant nos recherches, nous verrons, sans toutefois pouvoir tirer une juste conjecture, ce qu'était ce *Viking*, puisqu'il y a une certaine parité entre le propriétaire du navire de Gokstad et un roi de Vestfold dont parlent les *Sagas*. Il serait l'oncle paternel d'Harald Haarfager, Olaf Geirstadalf, que les *Sagas* disent être mort de la goutte aux pieds et dont le *Hana* ou tumulus aurait été ouvert et pillé par Kone, le père nourricier d'Olaf le Saint.

Voici maintenant l'inventaire des objets découverts dans le navire :

On y a retrouvé nombre de morceaux en bronze doré qu'on a pu reconnaître comme ayant servi de ceintures et de lanières pour attaches ; certains autres de ces objets sont en plomb. Cette trouvaille est une preuve certaine, évidente, du style des pièces qui servaient d'ornements pendant la période des *Vikings* ; ainsi on peut voir sur une des parties un guerrier monté, la lance en arrêt, et le cheval lancé au galop. Quelques hameçons (V. fig. 9 1, pl. II.) ayant dû servir, sans aucun doute, à la pêche, de même qu'un pion, de jeu de tric-trac, en corne ou en os, ont été retirés.

On voit une espèce de morceau d'étoffe montrant des paillettes d'or qui ont été probablement tissées, puis une pièce d'une sorte de grosse toile grise.

Des os d'animaux ont été trouvés dans la chambre sépulcrale, il y avait ceux d'un tout petit chien et ceux d'un paon ; on a trouvé également des plumes de ce dernier. Ce paon avait été, sans nul doute, apporté de l'Inde, son pays d'origine, et était l'oiseau favori du chef dont nous retrouvons aujourd'hui la sépulture; en plus de ces os, on en a découvert une assez grande quantité provenant de chevaux et de chiens.

On a trouvé des boucliers (V. fig. 9 *J*, pl. II) et des umbons de boucliers assez bien conservés Dans les sépultures des *Vikings* on plaçait quelquefois un bouclier sur la poitrine du mort. La pression de la terre sur ces derniers, faits de bois, les avait un peu endommagés; mais il a été cependant possible de les réparer et de les remettre à leurs anciennes places, c'est-à-dire sur le bord extérieur du navire (V. fig. 10 ʙ, pl. III).

On a retrouvé les morceaux de trois barques; mais comme ces dernières avaient probablement été dépecées avant d'être jetées dans le tumulus, il a été de toute impossibilité de les reconstruire; cependant, on peut se rendre un compte exact de leur grandeur, car les quilles sont parfaitement conservées : la plus longue mesure 7ᵐ10, la moyenne 5ᵐ40, et la plus petite 4ᵐ10. La construction des ces barques était à peu près la même que celle du grand navire, et les gouvernails qu'on a retrouvés avaient la même forme que ceux dont nous avons déjà parlé; ces barques portaient un mât. Au lieu d'avoir des ouvertures pratiquées dans le bordage pour passer des rames, elles avaient des tolets semblables à ceux du navire trouvé en Danemark (V. fig. 9 ᴋ, pl. II).

Ces trois barques viennent donner raison à ce que nous disions des *Holker* perfectionnés, c'est-à-dire qu'elles étaient dans les grands navires lors des expéditions navales.

Différents morceaux de bois (V. fig. 9 ʟ, ʟ', ʟ" ʟ'", pl. II) sculptés ont été trouvés dans le tumulus, et ils peuvent nous donner une idée de l'art de travailler le bois au temps des pirates normands.

Quelques-uns de ces morceaux nous laissent dans le doute sur leurs usages : mais parmi eux nous pouvons remarquer deux têtes d'animaux que nous pouvons juger comme têtes de dragons et qui ont pu être adaptés à l'avant de quelques-uns des navires, ces têtes étant de dimensions bien raisonnables.

On remarque aussi un vase à boire (V. fig. 9 ᴍ, pl. II), en bois, ayant environ une largeur et une profondeur de 5 centimètres. On trouva aussi une hache en fer dont le manche est en bois (V. fig. 9 ɴ, pl. II).

Diverses pièces de fer et de cuivre ont été mises à jour, parmi lesquelles nous remarquons un grand et solide chaudron en cuivre qui mesure une largeur d'environ 50 centimètres, une hauteur ou profondeur d'environ 40 centimètres. Il servait pour cuire les aliments. On a aussi trouvé des morceaux de marmites en fer et une chaîne qui a dû servir à crocher les chaudrons au-dessus du feu.

Il y a tout lieu de croire que la cuisine ne pouvait se faire bien facilement à bord de tels navires, surtout lorsque les *Vikings* étaient en pleine mer, sauf, bien entendu, pour les navires munis de cabines pour les champions, et dans lesquelles il était facile d'observer les préceptes cités dans la *saga* des *Vœlsungs* et des *Niflungs* (N. Beauvois). ...
« Il faut se laver, se peigner et prendre des aliments dès le matin... »
Elle se faisait lorsqu'ils étaient à l'ancre dans quelque baie, ou encore, et plus vraisemblablement, quand ils pouvaient descendre à terre.

Nous remarquons aussi dans l'inventaire, des bois de lit (V. fig. 9 o, pl. II) qu'on a pu remonter, et qui sont à peu près semblables à ceux qu'on voit de nos jours en Norwège; leur largeur est de 1ᵐ10 et leur longueur de 1ᵐ69.

On se demande, de prime abord, en voyant leur longueur, comment les hommes de cette époque, qui certainement étaient d'une taille très-élevée, pouvaient se coucher dans des lits qui mesuraient 1ᵐ69 de longueur.

Parmi ces géants, citons : Frithjof, par exemple, que nous avons déjà nommé; et Rolf ou Rollon qui, si on en croit la chronique, était d'une si haute stature et d'un tel poids qu'on le surnomma « *Le Marcheur*, » aucun cheval n'étant d'ailleurs ni assez grand, ni assez fort pour le porter.

Cependant, il est assez facile de s'en rendre compte, si nous examinons, même de nos jours, les lits des paysans en Norwège; nous verrons qu'ils ne sont pas plus longs, ce qui oblige à dormir les jambes reployées, ou encore à moitié assis, les Norwégiens étant, généralement parlant, d'une assez grande taille.

La manière de monter ces lits se faisait par des mortaises et des tenons, de sorte qu'il était très-facile de les démonter pour les placer, pendant le jour, sous le faux tillac.

Nous avons vu que dans le tumulus de Tune on avait découvert des *ski*, ou patins à neige, nous remarquerons aussi que dans la fouille dont nous parlons on a trouvé les restes d'un traîneau.

Citons une planche de débarquement (V. fig. 9 p, pl. II) ou *landgangsplanke*, qui fut trouvée dans le tumulus. Cette passerelle mesure une longueur de 7ᵐ40 et une largeur de 24 à 25 centimètres; elle est faite avec beaucoup de goût, et tous les 50 centimètres environ, on voit des marches ou buttoirs pour arrêter le pied et l'empêcher de glisser. Ces buttoirs sont taillés en relief dans la planche.

On a retrouvé, près du côté tribord du navire, une ancré en fer; mais elle était tellement mangée, par la rouille que sa conservation a été impossible; seule, la traverse de bois, ou jat (V. fig. 9 Q, pl. II), qui mesure 2 ᵐ 70 de longueur et une épaisseur, au milieu, d'environ 18 centimètres, est bien conservée.

Voici ce que nous apprend M. A. Jal sur les ancres des *Vikings* :

« Les ancres des Normands, à peu près faites comme les nôtres,
» n'avaient pas toutes des traverses de bois ou de fer qu'on nomme
» *jas*.....; quelquefois les ancres étaient portées sur le navire même,
» sur la poupe.....; quelquefois elles pendaient à une verge de fer
» sortant d'une espèce d'écubier, surtout placé à l'arrière du navire, »

Nous avons maintenant terminé notre mémoire en étudiant la trouvaille la plus récente et en même temps la plus curieuse faite jusqu'à nos jours.

D'après l'avis d'hommes compétents, nous sommes devant un navire ayant porté environ, et au moins, 80 hommes d'équipage, car il est vrai que si nous considérons qu'il y a 16 paires de rames, en d'autres termes 32 rameurs, il est un fait à déduire qu'il faut le double d'équipage, c'est-à-dire 64 hommes, plus les barreurs et autres, et y ajoutant les différents chefs, et enfin le « *Roi-de-Mer,* » ceci nous donne un équipage complet d'environ 80 hommes; nous pouvons affirmer que nous sommes ici devant un navire que nous pouvons regarder comme remontant au temps des *Vikings*, c'est-à-dire l'époque comprise entre la fin du vIII siècle et le milieu du XI.

L'intérêt de notre mémoire grandit certainement pour nous Français, et encore plus pour nous Normands, habitants de cette ancienne Neustrie. quand nous reportons nos souvenirs sur l'histoire et que nous voyons ces hommes du Nord, ces conquérants scandinaves, remonter la Seine, piller Rouen, ancrer leurs dragons, leurs navires devant notre cité, les amarrer même aux anneaux en fer placés contre notre Cathédrale, dont les fondations, comme nous le savons, étaient, dans ces temps éloignés, baignées par les eaux du fleuve.

Cet intérêt s'accroît certes encore quand nous songeons que sur un tel navire « Rollon le Marcheur » vint s'emparer de notre contrée et fonder la Normandie, y prenant le titre de premier duc.

Loin de nous, cependant, la pensée de faire supposer que le navire dont nous venons de parler en dernier lieu soit venu faire des incursions dans notre Normandie. D'après ce que nous avons pu juger à l'inspection, ce navire n'a pas dû beaucoup servir. Le peu d'usure que l'on remarque à la place des rames, les arêtes vives de la quille et des étraves, sont autant de preuves certaines que ce navire n'a pas été très-longtemps en usage. Mais combien d'autres ne sont-ils pas venus ?

En effet, si nous nous rappelons que les *Vikings* tiraient toujours leurs barques à terre, et cette manœuvre ne pouvait être longtemps effectuée sans que le navire en souffrît, ou, au moins, sans que les arêtes vives de sa construction ne portassent des traces d'usure par le frottement, ce qui serait alors facile à reconnaître, nous avons pu juger d'une manière irréfutable que ce navire avait bien peu navigué avant d'avoir été enterré, pour, mille ans après, revoir le jour sous d'autres générations !

Un de nos plus ingénieux écrivains populaires, M. Jules Verne, dans son *Histoire de la découverte de la terre*, nous dit :

« Mais combien de ces vestiges du passé restent à découvrir ? Com-
» bien sont à jamais ensevelis sous les glaciers, de ces précieux témoi-
» gnages de la hardiesse et de l'esprit d'entreprise de la race scandi-
» nave ? »

Nous ne pouvions mieux terminer nos quelques pages qu'en citant ces lignes et en souhaitant du plus profond du cœur aux savants, aux archéologues, le bonheur de remettre la main sur ces « vestiges, » qui seuls peuvent apprendre au temps présent et aux temps futurs l'histoire de ceux qui vécurent dans ces temps à jamais écoulés !.....

ROUEN. — IMPRIMERIE JULIEN LECERF.

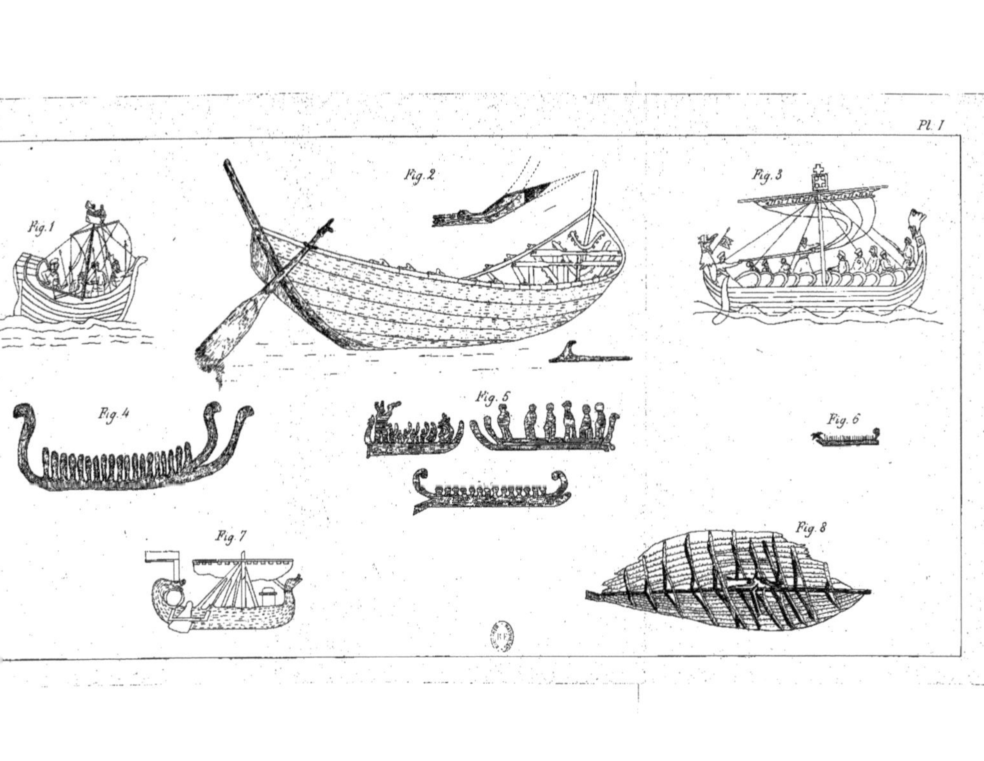

Fig.1
Fig.2
Fig.3
Fig.4
Fig.5
Fig.6
Fig.7
Fig.8

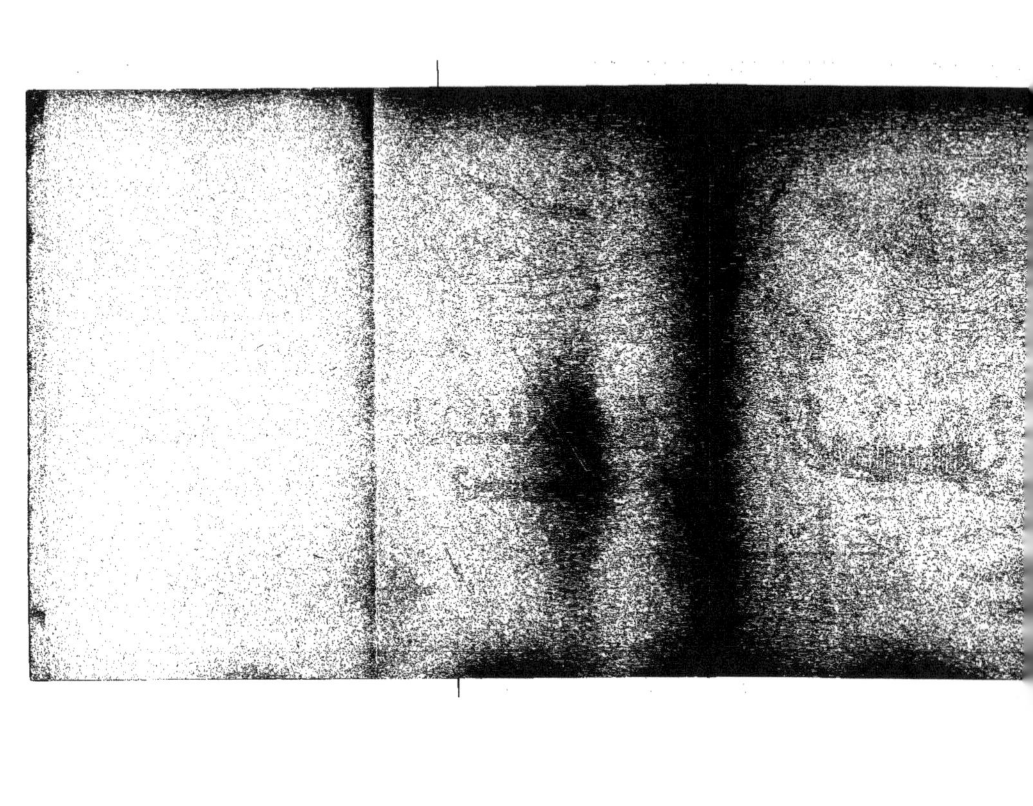

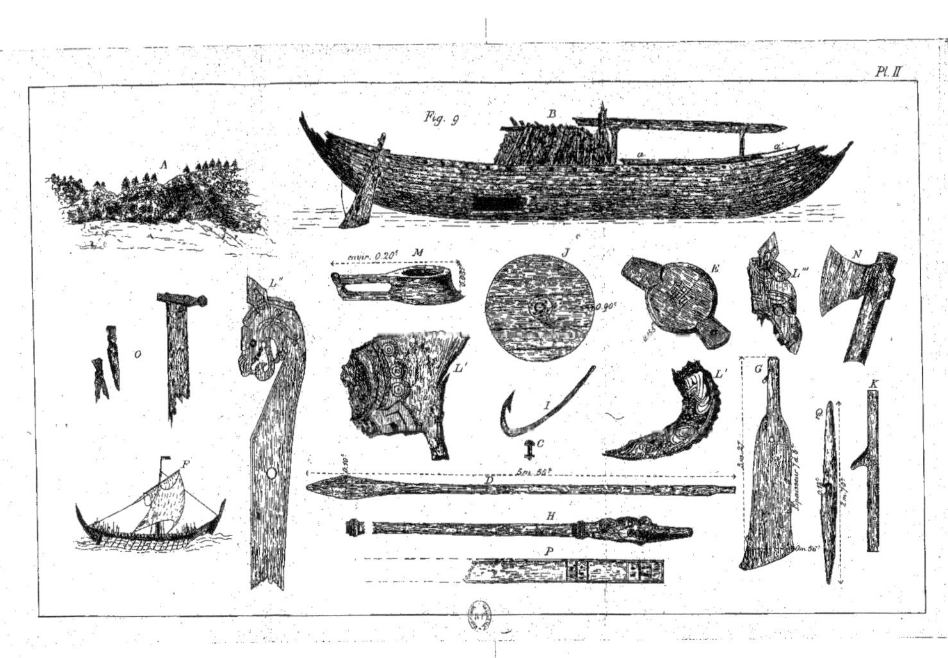
Fig. 9
A
B
a
a'
M
envir. 0.20°
J
E
N
L''
L'''
O
L'
I
C
L'
G
K
Q
F
D
H
P

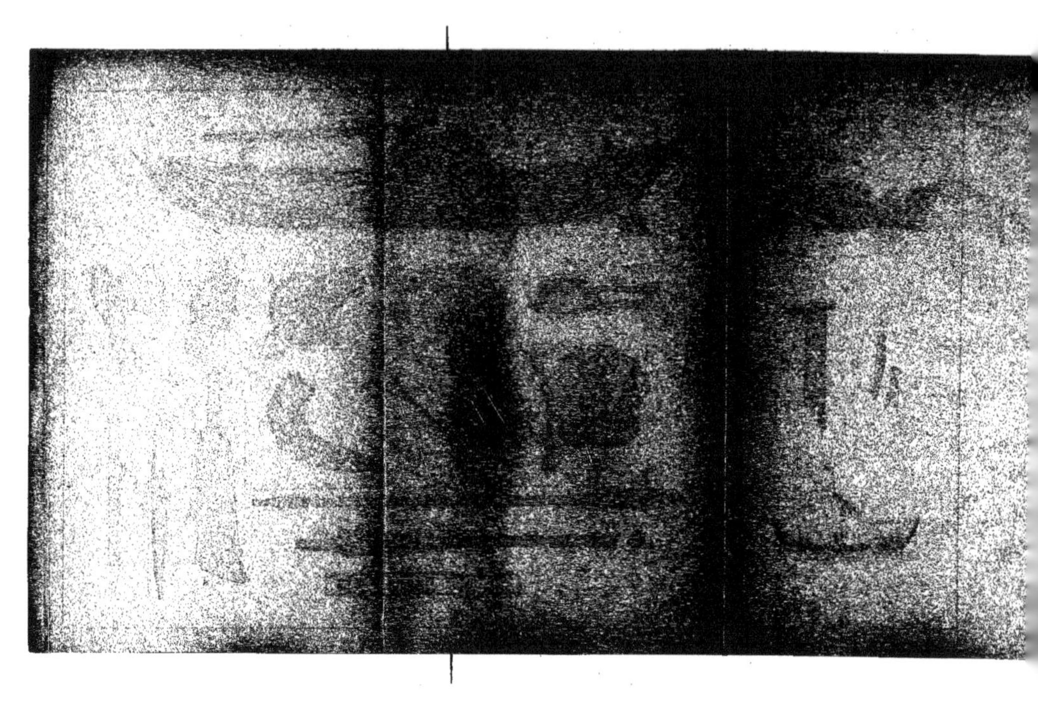

Fig. 10

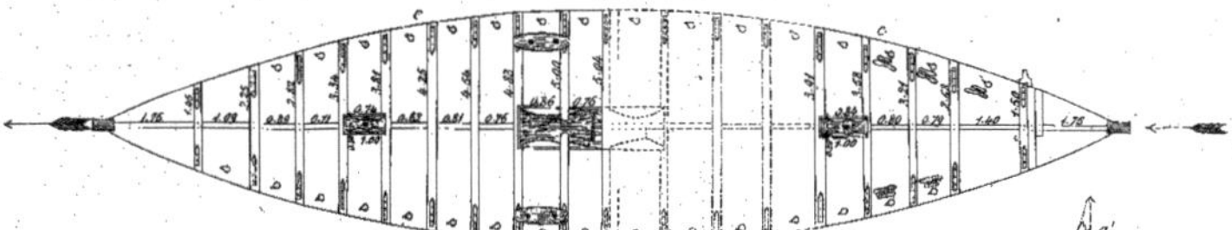

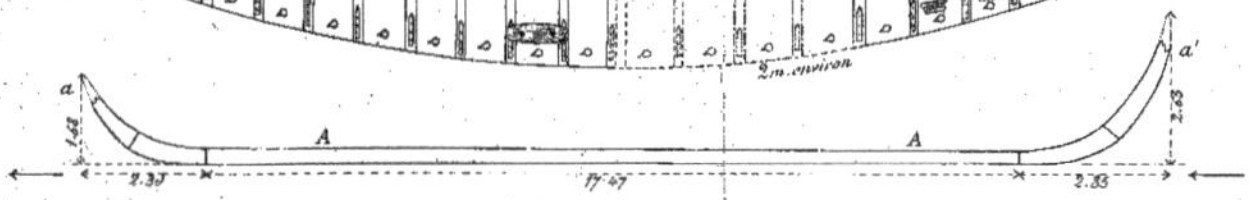

Les lignes marquées .... montrent la place occupée par la chambre sépulcrale.

Les lignes marquées .... montrent les parties détruites lors du pillage de cette chambre.

Fig. 10

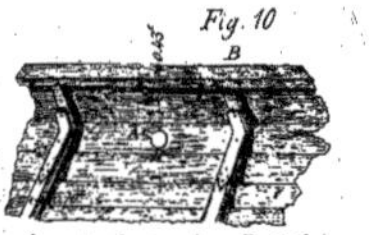

Fig. 10

Coupe A = 6 cent. — Coupe B = 0.11ᵉ

Largeur de la petite ouverture A 0.22 millim.

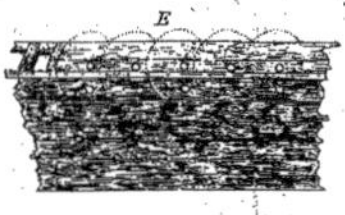

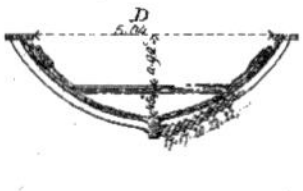

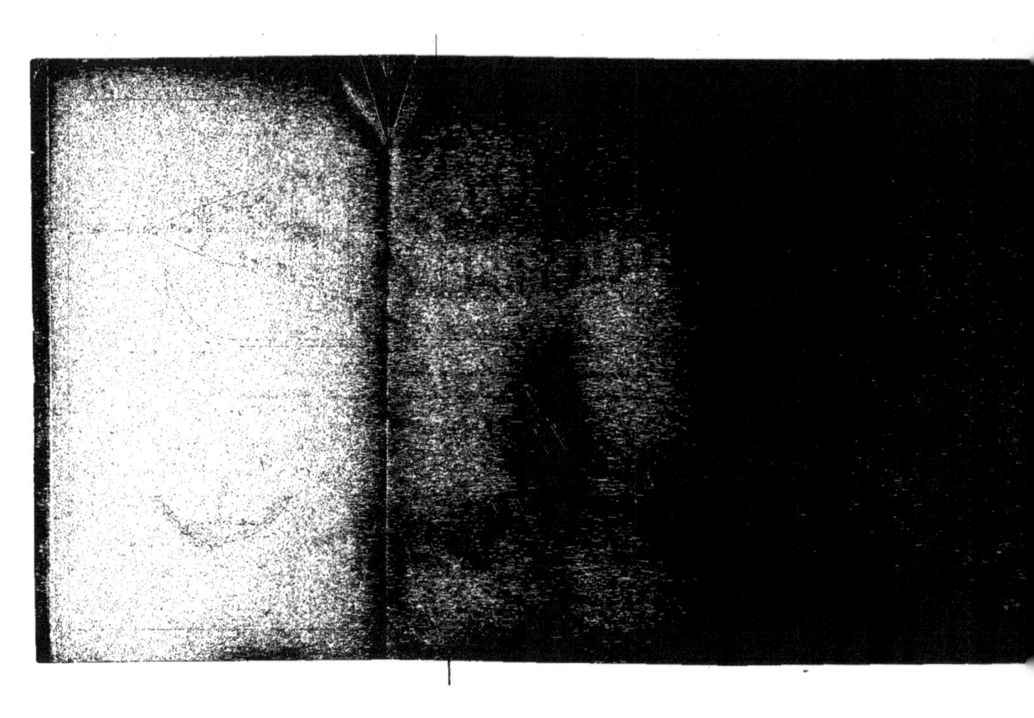